《发展性心理教育丛书》编委会名单

发展性心理教育丛书

心理体验游戏

主　编◎　吴发科
副主编◎　王孟洋　肖观仁

XINLI TIYAN YOUXI

暨南大學出版社
JINAN UNIVERSITY PRESS
中国·广州

图书在版编目(CIP)数据

心理体验游戏/吴发科主编;王孟洋,肖观仁副主编.—广州:暨南大学出版社,2011.12(2013.12 重印)
(发展性心理教育丛书)
ISBN 978-7-81135-984-8

Ⅰ.①心… Ⅱ.①吴…②王…③肖… Ⅲ.①游戏课—中小学—教学参考资料
Ⅳ.①G634.963

中国版本图书馆 CIP 数据核字(2011)第 185918 号

出版发行:暨南大学出版社

地　址:中国广州暨南大学
电　话:总编室(8620)85221601
　　　　营销部(8620)85225284　85228291　85228292(邮购)
传　真:(8620)85221583(办公室)　85223774(营销部)
邮　编:510630
网　址:http://www.jnupress.com　http://press.jnu.edu.cn

排　版:广州市天河星辰文化发展部照排中心
印　刷:湛江日报社印刷厂

开　本:787mm×960mm　1/16
印　张:12.5
字　数:224 千
版　次:2011 年 12 月第 1 版
印　次:2013 年 12 月第 5 次

定　价:26.00 元

写在前面的话

话语一

游戏，顾名思义就是游玩嬉戏，游戏本来只是一种有趣的娱乐活动而已，本身不负载着多少真理，也不附带任何道义，更没有承载多大的教育含义，它无非像夜空中一道瞬息闪过的流星。相信你看见过很多次流星，你若觉得它没什么，就让它在太空中随着你的记忆消失；你若觉得见到它会给你带来好运气，或许个好愿，就让它永久地潜藏在你美好的回忆之中。尽管流星从来也没有给谁带来好运，但是许多人还是喜欢在夜晚翘首等待它的来临。

游戏是一种活动形式，或者说是一种娱乐过程形式。尽管游戏就是游戏，本身没有多少价值，但确有独特魅力。的确，游戏往往能叫人开心，或戏之一笑，或博得娱乐，或趣味横生，因而游戏吸引着许多人，尤其是小朋友——这是游戏能够存在的根本原因。相信许多人小时候曾在岸边嬉水，在沙滩上玩沙堆，甚至捏泥巴，尽管玩得湿漉漉、脏兮兮，尽管有时还换来家长的一顿骂，但还是那么喜欢，那么开心。小孩的天性与游戏的魅力就结合得如此天工自然、天衣无缝。

游戏是从哪里来的、如何产生的？很难一一考证。如果有人说，游戏是人们日常生活中的产物，或是前人杜撰“编”的，可能不无道理。可以肯定地说，在幼儿园、中小学，许多游戏是“编”的，而“编”的就有人为因素。这样一来，似乎游戏就变身，变得有附加成分，变成某种工具——可能出于某种需要。

“编”的就编的吧，只要游戏的特性魅力存在，只要孩子喜欢，只要不误人子弟，就是合理的，就让其存在吧。

话语二

心理游戏也同此理，无非是一种游戏，有趣、能给人带来娱乐而已。你若觉得心理游戏就是游戏，并无深意，一笑了之，纯属正常；你若觉得心理游戏只是一种悠闲的消遣，乐意参与，也无可非议；你若觉得心理游戏对你身心有所助益，那是你的造化。

必须承认，许多心理游戏是“编”的。然而，不管是不是“编”的，心理游戏必须做到：第一，有游玩嬉戏的特性、魅力；第二，小孩喜欢、对它好奇；第三，不误人子弟。

必须承认，心理游戏应该编出心理游戏的特点，集趣味性、娱乐性、活动性、教育性、体验性于一身。心理游戏除了必须具备一般游戏的特点外，更重要的是将心理教育寓于活动之中，使孩子在游戏中有所感悟。《心理体验游戏》就是基于心理游戏的特点、基于这一想法来“编”的：它比一般的游戏，增加了“教育目的”、“感受分享”、“教师讲评”的环节内容，主要是考虑教育性和体验性。因此，在游戏过程中，教师不可忽略这些环节内容，否则只是为了娱乐而娱乐，缺失心理游戏的意义。

必须坦白地说，“编”是有目的企图和方法手段的：

首先，“利用”了孩童喜欢好奇这一天性特点；

其次，“盗用”了心理学的某些原理和心理教育的某些方法；

其三，“窃取”了游戏魅力、游戏的形式特色；

其四，以为对孩童有益，全无误人子弟之意；

其五，要看“编”的能力水平和方法手段。

总之，企图尽量多地让孩童活动嬉戏，在游戏中得到心理体验，在嬉戏中得到身心收益。

话语三

心理游戏与一般游戏的最大不同，就是十分注重、非常强调体验性、感悟性。每个心理游戏“编”的主线是：活动—娱乐—体验—教育。“活动—娱乐”环节是利用孩子的特点，吸引孩子参与，是体验的载体、手段。而“体验—教育”环节才是心理游戏的真正目的，娱乐只是为了心理体验，没有足够的心理体验，就没有心理教育。

心理游戏活动，最忌直接地进行心理教育。如果这样，那就与心理教育课没有多大区别。心理游戏将教育寓于活动体验之中，孩子在活动中得到体验、得到感悟，其教育目的就达到了。

游戏活动是形式，是一个载体，心品教育才是目的。利用游戏作载体，使教育能够入心。可以说，游戏活动的体验越充分，感受就越深刻，教育效果就越好。因而，“心理体验”环节是心理游戏的灵魂、关键，千万不能忽视。

游戏活动中，教师要特别注重创设“体验”情境氛围，要特别关注学生的体验情况，要特别把握“体验”环节。当然，对游戏活动的体验与感受，可以是正面积极的，有时也可能是负面消极的。这就要靠老师对游戏的把握和控制。

话语四

心理游戏除了具有上述特点外，还有“适合性”特点，即对每个心理游戏，不是拿来主义，不加分析拿来套用，而要考虑它的适合性。对任何一个心理游戏，活动之前要审视：

第一，是否具有娱乐性、趣味性，孩子是否喜爱，是否乐于参与。

第二，是否内容科学，符合教育学、心理学的原理与方法。

第三，是否与心理教育课内容吻合。心理游戏往往是心理教育课的辅助形式，其游戏内容与心理教育的课堂教学内容要相融合。例如，某个心理游戏的内容是“人际交往训练”，不能用于“排除考试焦虑”的教学之中。

第四，是否适合对象。每个心理游戏都有适合学生年龄、心理特点的一定范围，有的适合高中生，有的适合小学生，不能不加分析地套用。

第五，是否具有可行性。有的游戏对场地、器械、设备和天气等条件有特别要求，条件不具备，就没有可行性、操作性。

噢，原来“编”的总是对的，如果你对本书——《心理体验游戏》运用得好，那当然是“编”的功劳；如果你违反上述任何一点，那当然是你的原因，与“编”的没有任何关系。哈哈！这是《心理体验游戏》的戏语！

话语五

心理游戏活动是一种教育，一种独特的教育形式。它应了这样一句话：学校的所有物品都有教育含义，学校的一切活动都是为了教育。

教育要有教育理念。本书除了利用游戏的形式特点外，当然还赋予其教育理念。本书明确地告诉你，我的教育理念是：教育以心为本，从心开始；育人先育心，心育是教育之母。

基于这一教育理念，本书形成了自己的个性风格，形成了自己的形式特色，形成了自己的教育价值。基于这一教育理念，在本书的编写过程中，十分注重寓心品教育于游戏活动之中，尽量让每个游戏均能使孩子开心、欢心、悦心，尽量使游戏对学生“健全人格、和谐心态、良好素能”有所帮助，具有教育意义。

游戏是“编”的，而游戏过程是演绎的。孩子们的游戏活动，需要老师来组织和演绎。亲爱的老师，你千万不要将“编”的意图变成“游戏就是游戏”了。

请记住我的话语，保持本来的我的特色风格！

话语六

本书出版的目的，首先是为了配合中小学的心品教育活动，其次是为了孩子的快乐学习、生活，幸福成长。当然也是为了那苦涩的点滴稿费，以补生活之需。在本书的编写过程中收集和参考了广东省中小学许多心理教师的教案，诸如深圳市育新学校的游戏活动、佛山市南海区教育局心理教育指导中心的许多游戏样本。还参考了宿春礼、廉勇主编的《挑战哈佛优等生·能力拓展训练》和网页上的许多游戏样本，在此表示感谢。不过，本书“编”的过程，不是照搬原游戏样本，而是在利用游戏过程的基础上努力附加了心品教育的元素，进行二次创作和设计，使之更具心理游戏的特点，更具体验、感悟的功能，更适合中小学生的特点，更具教育的意义，形成全新的游戏作品。这就是本书的独特之处。

由于编者水平有限，本书可能存在不少错漏，或者没有多少可以体验、感悟的东西，请诸位心理老师予以修改。

谨以此书献给中小学心品教育，献给工作在中小学第一线的广大心理教师！

编　者

2011 年 3 月于广州

目录 contents

第二部分　教学互动游戏　/52

第一部分 室外大型游戏

1 越过铁索桥

教育目的

1．通过游戏，培养学生遇到困难和危险时，保持沉着冷静的心态，保持勇敢果断的心志，勇于战胜一切困难，具有“转危为机”的能力，具有临危不惧的心理品质。

2．通过游戏，培养学生的生命意识和安全意识。在任何情况下都要做到既勇敢又细心，能够评估危险程度和评估自身化解危险的能力，在确保安全的前提下战胜危机。

3．通过游戏，感受集体的力量，感受“合作”的效果作用，并学会团结，学会合作。

游戏人数

学生 20 人，分成 A、B 两组，每组 10 人，男女生混合编组。

游戏开始时，河的东西两岸各站一组学生（为区分组别，B 组的学生手臂或胸前系上红丝带）。

游戏场地

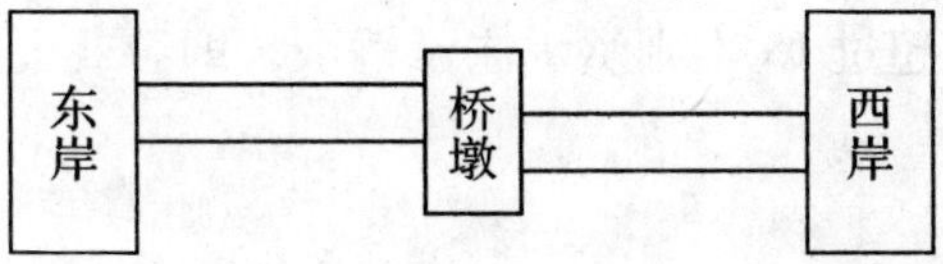

场地平面示意图

河岸和桥墩由塑料块组合，如果条件许可，河岸可用其他材料代替。河东岸、西岸与桥墩的最短距离分别为3米。桥墩面积约1平方米，桥墩高出河水面0.4米。有4条铁索（如图，用木柱代替），相邻两条铁索距离0.5米。

游戏器材

硬质塑料块若干块。桥墩用一块硬质塑料块代替。3.0×0.1×0.1米的木条4根。桥板4块，东西两岸各放2块。

教师指导语

（教师站在陆地）同学们，今天玩一个心理体验游戏，游戏名称叫“越过铁索桥”。

同学们，我们现在遇到险情，面前是一条大河，河水汹涌澎湃，一旦掉下去将被急流卷走，刚才一阵狂风又将桥面木板刮落，只剩下铁索和岸边各自的两块木板。现在是倾盆大雨，山洪很快就要暴发，淹没桥墩，那样将无法过去。

同学们，我们必须充满勇气，沉着冷静，利用现有条件，想尽一切办法，在山洪到来之前到达对岸。现在我宣布游戏规则。

游戏规则

1. 木板是过河工具，一块木板只能承重一位同学，木柱是铁索，人不能在铁索上走。
2. 必须以最短时间，双方全部、安全地到达对岸。
3. 不能站在河里，不能“掉进河中”，有一个同学“掉进河中”，即游戏失败。
4. 工具一旦脱手，掉进河里，立刻被河水冲走，不能再拿回来，即游戏失败。
5. 计分方法：从东岸到达西岸（无论过河时间多久）一次计1分钟，同样，从西岸到达东岸一次计1分钟。跨越铁索桥全过程超过15分钟（岸上时间不计），往返过桥超过15次则洪水淹没桥墩，即游戏失败。

游戏过程

1. 教师口令：现在准备——游戏开始。
2. 学生开始游戏活动，组织跨越铁索桥活动。

3. 学生过河开始，教师统计过河次数、察看学生有无违反游戏规则。

4. 教师报过河次数：现在是第几次过河。数到第 15 次后，宣布洪水淹没桥墩，游戏失败结束（学生最短可在 11 次过河，完成游戏）。宣布游戏是否成功。

感受分享

1. 按原来分组进行讨论，每位同学谈活动中的体会和感受。教师可以有引导语："重点是勇敢、安全、合作。"讨论时间 5 ~ 8 分钟。

讨论题目的设计：例如，你在游戏中体会最深的是什么？你得到了什么锻炼？

2. 每个小组选派 1 ~ 2 名同学代表小组发言，谈体会和感受。发言后，其他同学可补充。时间 4 ~ 5 分钟。

教师讲评

教师自行准备讲评内容（略）。

讲评内容和要求

1. 根据活动情况，简单评述游戏活动过程中同学们的表现。

2. 评价游戏成功或失败的原因；评价同学们的成功或失败的体会、感受。教师评价要客观、准确、到位。评价本次游戏是否达到教育目的。

3. 分析活动中存在的问题。如果游戏失败，要充分分析失败的原因。

4. 教师不能忽视"讲评"环节，备课时要认真，要多准备几个讲评方案。

注意事项

1. 教师指导语要规范，要明确活动目的意图，要按照指导语的原意来宣读。游戏活动中不能暗示或提示如何合作和合作过桥的方法，尤其不能出现"要合作"、"两组合作"等的提示。

2. 如有个别学生"掉进河中"，该学生不再参与游戏活动，站到陆地来。游戏可以继续。学生"掉进河中"，说明学生不能安全、全部过桥，游戏活动后的讲评时，教师要对此给予评价。

3. 如果 1 块桥板掉进河里，游戏尚可继续；2 块桥板掉进河里，宣布游戏失败。

4. 往返过桥超过 15 次，游戏失败，但游戏可以继续直至完成。

5. 如果一个教学班可分成几批（组），第一组失败，立刻换第二组，再失败，换第三组，直至成功。

6. 游戏活动前，要检查场地、器材的安全性能，要强调安全。尤其是小学生参与活动时，更要注意安全教育。

2 走迷宫

教育目的

1. 通过游戏，培养同学们的自信心、相互信任感。
2. 通过游戏，使同学们感受相互信任、相互帮助的重要性。
3. 通过游戏，使同学们具有良好的班级人际关系和协助精神。

游戏人数

1. 全班同学参加，两人一组。
2. 分组时，学生排队，一二一二报数，保证随机组合（最好不要自由组合），这样有利于同学人际关系的沟通。

游戏场地

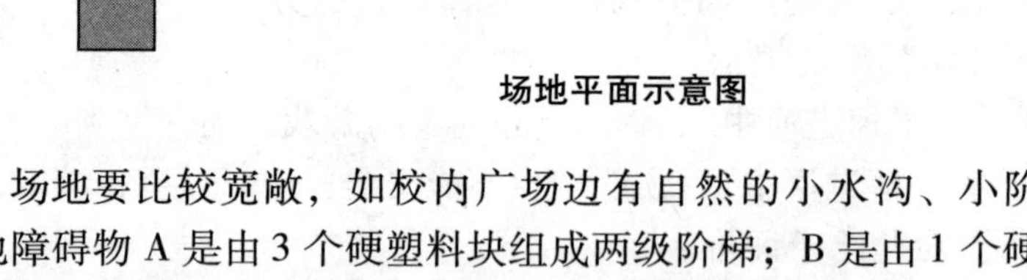

场地平面示意图

场地要比较宽敞，如校内广场边有自然的小水沟、小阶梯，也可利用。场地障碍物 A 是由 3 个硬塑料块组成两级阶梯；B 是由 1 个硬塑料块和 2 条 B 号桥板组成桥墩桥；C 是 1 个塑料块；D 是由 2 个塑料块和 1 条 A 号桥板组成墩桥墩；E 是由 4 个塑料块和 1 条 B 号桥板组成涵洞，涵洞顶高 0.8 米；F 是由 2 个塑料块组合，间隔 0.3 ~ 0.4 米；G 是由 1 个塑料块和 1 条 A 号桥板组成墩桥。

游戏器材

1. 塑料块 14 个左右、A 号桥板 2 条、B 号桥板 3 条。
2. 眼罩一批（参加游戏活动学生人数的一半）。
3. 手提扩音器 1 个。

游戏过程

1. 全班学生集中排队、报数、分组，排成两行。
2. 发放眼罩。单数的同学先戴眼罩。
3. 教师指导语：同学们，今天的心理体验游戏名称是“走迷宫”。通过游戏，培养同学们的自信心、相互信任感；通过游戏，使同学们感受相互信任、相互帮助的重要性；通过游戏，使同学们具有良好的人际关系和协助精神。

我们面前是“迷宫”，有一道道阶梯、拱桥、独木桥、涵洞等障碍。同学们要相互配合、相互帮助进入迷宫，并且顺利、安全地走出迷宫。下面讲一讲游戏规则。

4. 教师宣讲游戏规则：

① 单数的同学戴上眼罩，双数的同学扶带着戴眼罩的同学走进迷宫，扮“引路人”。

② 双数的同学一边引路，一边要告诉戴眼罩的同学路况，例如“上阶梯”，“过木桥”等。保证戴眼罩的同学安全、顺利走完迷宫。

③ 走迷宫时，大家可以按照 A、B、C、D、E、F、G 的顺序走，也可以不按顺序走，也可以绕过某一障碍物。大家要拉开距离，不要挤在一起，要注意安全。

④ 走迷宫时，戴眼罩的同学不可以脱眼罩或偷看路，引路的同学要指引好，告知路况、障碍物时要简单、明了、准确。

⑤ 单数的同学走完迷宫后，两个同学对换角色，双数的同学戴眼罩，单数的同学扮“引路人”，再走一遍迷宫。

5. 游戏开始。

感受分享

1. 全班同学分成若干小组，谈谈活动的体会、感受。时间 5 ~6 分钟。

2. 全班同学围坐成一圈，每个小组派一位代表发言，谈小组的体会、感受。

3. 教师提问：某某同学，在这次活动中，你的最大、最深的感受是什么？（主要提问平时胆子较小的女同学，以及平时不关心别人、不合群的同学）时间6～8分钟。

教师讲评

1. 讲评由老师自行备课。

2. 讲评要求：

① 讲述游戏活动的教育目的。

② 评价和肯定学生在活动中的表现。

③ 重点评价同学们的体会和感受，提出希望。

注意事项

1. 该游戏适合小学、初中和高中学生，如果是高中生，难度可增大一些。

2. 该游戏有一定危险性，要注意场地、器材的检查，要强调注意安全。

3. 该游戏活动不仅仅是娱乐，其教育意义在于体会信任感、互助意识和合作意识，教师不能忽视讲评环节，否则失去活动意义。

4. 该游戏适合亲子教育。大型活动时，可邀请家长参加：一位家长与子女为一组，按照游戏规则参加。（该游戏活动的意义在于培育家庭亲子关系。因此，教师在小结时，要侧重从信任、互助、理解、孝心、感恩、亲子关系、家庭幸福的角度予以点评。如果没有点评或忽视点评、点评不到位，则游戏活动不算成功。）

3 孤岛逃生①

教育目的

1. 通过游戏，开发学生的潜能和创造力，培养学生动脑筋、勤思考的习惯。

---

① 本游戏由深圳育新中学提供，作者略作修改。

2. 通过游戏，使学生提高安全意识、协作意识、团队意识和坚强意志力。

3. 通过游戏，使学生学会团结，学会合作，勇于挑战困难，勇敢克服困难，培养学生团队精神。

4. 通过游戏，培养学生在遇到突发事件时，沉着应对的能力。

游戏人数

学生 16~20 人，分成两组，每组 8~10 人，男女生要混合编组。

游戏开始时，一组站在孤岛 1 上，另一组站在孤岛 2 上。

游戏场地

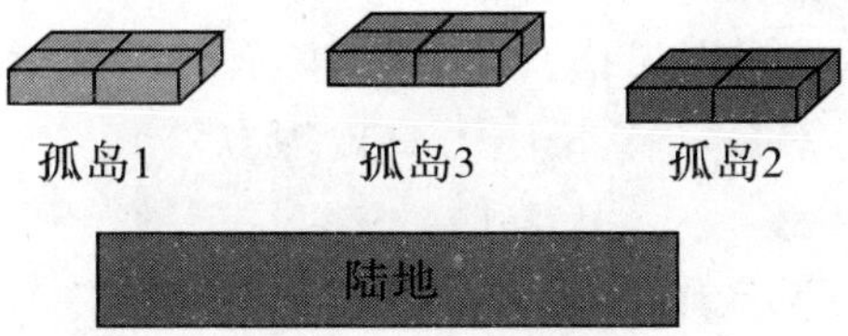

孤岛场地示意图

孤岛由塑料块拼合，每个孤岛由 4 块塑料块组合。孤岛之间最短距离为 3 米，孤岛 1 和孤岛 2 离大陆 3 米，孤岛 3 离大陆 3.5 米；孤岛面积约 4 平方米，孤岛高出海平面 0.4 米。在孤岛 1 和孤岛 2 上面，分别各有 8~10 位被困同学（人数可略多略少，但至少 8 人）。

游戏器材

孤岛 1 和孤岛 2 上分别各有：3.0×0.35×0.04 米 A 号桥板 1 块、1.5×0.35×0.04 米 B 号桥板 1 块、4 米长尼龙绳 1 条、滚筒 1 个。

游戏规则

1. 所有同学必须在 45 分钟之内安全离开孤岛，否则游戏失败。

2. 同学不能站在海里，不能“掉进海中”，有一个同学“掉进海中”，即游戏失败。

3. 工具一旦脱手，掉进海里，立刻被海浪冲走，不能再拿回来，即游戏失败。

游戏过程

1. 按游戏要求，事先放好游戏器材。

2. 分组，“被困”同学分别站在孤岛1和孤岛2上。

3. 教师指导语：

（教师站在陆地上）同学们，今天玩一个心理体验游戏，游戏名称叫“孤岛逃生”。

同学们，我们现在遇到险情，处于非常危险的境地，有多位同学分别被困在茫茫大海的两个孤岛上。大家看，天空乌云密布，狂风大作，天低云涌，海浪滔天，恰逢涨潮时刻，我们所在的孤岛离海平面只有半米高，45分钟之后海潮将淹没孤岛。我们的生命受到威胁，必须想方设法在45分钟内离开这里，到达陆地，脱离险地。

同学们，我们不要惊慌失措，要注意安全，要有信心勇气，团结一致，利用现有条件，利用木板和滚筒作工具，想办法让全体同学尽快离开孤岛逃生。

4. 现在我宣布游戏规则（宣读上述“游戏规则”）。

5. 教师口令：“现在准备——游戏开始！”（计时开始）

6. 学生开始游戏活动，组织逃离孤岛。

7. 教师计时，察看学生有无违反游戏规则。

8. 教师提醒时间。游戏活动时间到，游戏结束（或学生提前安全离开孤岛，游戏结束）。宣布游戏是否成功。

感受分享

1. 按原来分组进行讨论，每位同学谈活动体会和感悟。教师可以有引导语。时间5~8分钟。

讨论题目的设计：例如，通过“孤岛逃生”游戏，你最大的体会是什么？感悟到了什么？

2. 每个小组选派1~2名同学代表小组发言。发言后，其他同学可补充。时间4~5分钟。

教师讲评

教师自行设计讲评内容（略）。

讲评内容和要求：

1. 简单评述游戏活动过程中同学们的表现。

2. 重点讲评游戏成功的原因，重点评价同学们的体会、感悟；评价本次“孤岛逃生”活动是否达到教育目的。评价要准确、客观。

3. 简单评价活动中存在的问题。如果游戏失败，则要充分分析和强调失败的原因。

注意事项

1. 教师指导语要规范，意图要明确，要按照指导语的原意来宣读，不能暗示或提示游戏活动逃生过程的方法，尤其是不能出现“要合作”、“两组合作”等提示。

2. 如有个别学生“掉进海中”，该学生不再参与游戏活动，站到陆地来。游戏可以继续，游戏活动后讲评时，教师要对此给予评价。

3. 如果工具掉进海里，尤其是模板掉进海里，则宣布活动失败。

4. 时间提示两次：“孤岛逃生”活动时间已经过了一半、时间只剩下3分钟。

5. 感受分享、教师讲评这两个环节是游戏活动教育的灵魂，教师要认真设计和组织好这一环节。

6. 游戏活动开始前和过程中，要注意场地、器材的安全性，要强调安全，尤其是小学生参与活动时，更要注意安全教育。

4 海岛救生

教育目的

1. 通过游戏，考查学生的道德品质和心理品质。

2. 通过游戏，培养学生正确的人生观、道德观，培养学生高尚的道德情操。

3. 通过游戏，让学生感悟集体力量和合作的意义。

游戏人数

参加学生人数18人左右，分成3组，第一组学生7人（单数），另外两组各5~6人。

游戏开始时，第一组 7 人全在海岛上。其他两组同学分别在陆地岸边。

游戏场地

场地平面示意图

海岛由 4 个塑料块拼成，可容纳 10 人；陆地由若干个塑料块拼成。海岛高出海面0.4 米，海岛离陆地最近距离4 米。两边陆地各有 A 号板1 块、B 号板1 块、尼龙绳6 米、滚筒 1 个。

游戏器材

1. 塑料块若干个。
2. 3.0 ×0.35 ×0.04 米的 A 号板 2 块。
3. 1.5 ×0.35 ×0.04 米的 B 号板 2 块。
4. 尼龙绳 2 条；滚筒 2 个。

（另外，教师事先准备信封两个，信封里装着奖状，奖状上分别写着："通力合作"，"英雄救生"。）

教师指导语

（教师站在陆地，手里拿着两个信封）

同学们，今天心理体验游戏的名称叫"海岛救生"。

同学们，此时海上风疾浪涌，海潮迅速上涨，有多位同学被困在海岛已经多时，必须尽快将他们营救，安全转移到陆地上，否则海潮将淹没海岛，岛上同学的生命受到严重威胁。同学们，我们该怎么办？

情况危急，人命关天，时间就是生命，险情就是命令。同学们，我们必须想方设法救人，必须克服重重困难，创造条件，必须以最快的速度营救他们脱离危险。

现在我宣布营救规则。

游戏规则

1. 必须在 30 分钟之内，将岛上的同学全部安全营救出来，否则营救失败。

2. 同学们要注意安全，不能“掉进海里”，无论谁“掉进海里”，即营救失败。

3. 营救器械工具不能掉进海里，否则将立刻被海浪冲走，营救失败。

4. 此次营救行动，两个小组进行比赛，看哪个组营救的同学多。另外，我将对营救行为中表现勇敢、救人多的小组给予嘉奖（出示两个信封）。

游戏过程

1. 教师口令：“准备——营救行动开始!”

2. 学生开始营救行动，千方百计组织营救行动。

3. 教师计时，察看学生有无违反游戏规则。

（提示：此游戏的“比赛”、“嘉奖”是试金石，最终只能是两个小组“合作”才能完成营救行动。它不是救人比赛，也不是看哪个小组营救表现好。此游戏考验学生：是否为了比赛而忘记抢救同学的大义，是否为了奖励而忘记合作而耽误营救时间。在游戏活动中，主要考验学生的道德品质、心理品质。）

如果班级学生人数多，可分为两到三批进行。全班活动结束后才进入“感受分享”和“教师讲评”环节。

感受分享

1. 按原小组进行讨论，同学们谈活动中的体会和感受。教师引导讨论的重点：生命比奖状重千倍，同学情谊比竞赛名次更珍贵。英雄救生，通力合作。讨论时间 5 ~6 分钟。

讨论题目的设计：“海岛救生”获得成功，靠的是什么？（或“海岛救生”为什么会失败?）

在游戏体验中，你有什么感想？有什么感受？

2. 每个小组选派 1 名同学代表小组发言，谈体会，谈感受。发言时间 5 ~6分钟。

教师讲评

教师讲评内容自行设计（略）。

讲评内容和要求：

1. 本游戏的教育意义：既让学生有心理体验，又让学生有道德感悟。教师要重点讲评游戏设计的教育目的，要讲评“海岛救生”的意义。

2. 准确评价同学们在游戏活动中的表现、活动后的感受。讲评要客观、准确、到位。

3. 评价活动中存在的问题。如果有一些小组活动失败，帮助分析失败的原因。

4. 教师让学生思考，并提出：此次“海岛救生”要不要评比？要不要嘉奖？奖状该发给谁？

5.（无论学生怎样回答）教师拆开两个信封，拿出两份奖状，展示：“通力合作”，“英雄救生”。对此次营救行为予以赞扬。

注意事项

1. 该游戏适合高年级学生，因为小学生不宜强调和要求“救生”。小学生由于年龄原因，无法解悟“合作”和“救生”孰重孰轻。

2. 游戏活动可能有三种结果：① 游戏无法进行，营救行动失败，学生情绪低落或相互埋怨。② 游戏顺利进行，营救行动获得成功，但同学们都在想着“比赛”、“嘉奖”。③ 游戏顺利进行，营救行动获得成功，同学们分享“海岛救生”的喜悦，感受良多。教师备课时，对“引导”、“评价”要做多种准备。

分组要注意男女生搭配。活动中如有个别学生“掉进海中”，该学生不再参与游戏活动。游戏可以继续，但讲评时教师要给予评价。

3. 游戏活动时间定为 30 分钟，但要考虑到学生年龄、男女生的实际情况。建议课前教师先做实验，再定具体时间。

4. 游戏活动前，要做场地、器材的安全性能检查，注意安全。

5 架桥比赛

教育目的

1. 通过游戏，培养学生的自信心、意志力，培养学生热爱劳动的心理品质。

2. 通过游戏，让学生感悟到劳动过程中相互合作、相互配合的重要性，感受劳动中的苦与乐。

3. 通过游戏，让学生增强集体意识、安全意识和团队意识。

游戏人数

1. 全班学生参加，分成甲、乙、丙、丁等若干组，每组 8～12 人。
2. 甲、乙两组比赛，然后丙、丁两组比赛（条件许可，也可以 3 个组同时比赛）。
3. 各组男女生比例要相近。
4. 比赛开始前，甲、乙两组学生分别站在起点线边。

游戏场地

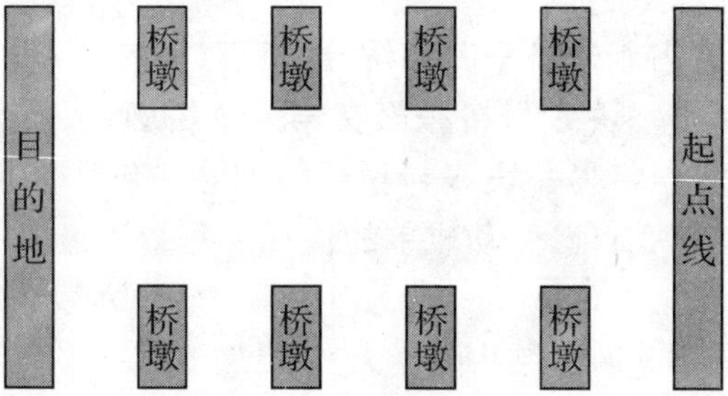

场地平面示意图

每个桥墩由 1 块硬质塑料块代替。桥墩高 0.4 米。桥墩与桥墩间隔 2.4 米左右。目的地、起点线可在地上画直线。

游戏器材

1. 硬质塑料块 8 块，每组 4 块。
2. 3.0×0.35×0.04 米的 A 号桥板 12 块，每组 6 块（放在起点线边）。
3. 1.5×0.35×0.04 米的 B 号桥板 2 块，每组 1 块。
4. 滚筒 2 个，每组 1 个。
5. 尼龙绳 4 条，每组 2 条。
6. 计时器 2 个。

教师指导语

（站在起点线前）同学们，这个游戏的名称叫“架桥比赛”。

同学们，我们面前是一条大河，水深浪急，无法渡过，桥梁也无法在河里搭架。架桥材料就是你们身边的这些桥板，想办法将它们架在桥墩上，一直架到对岸目的地。看你们哪个组将桥架得又快又好。现在我宣布游戏规则。

游戏规则

1. 架桥的人不能站在水中。

2. 人不能掉进河里，桥板掉进河里就不能捞回来。

3. 每个桥墩最多只能站 4 人。

4. 架桥以比赛方式进行，架桥完毕后，全组同学走过桥梁到对岸，先到达目的地者胜出。

游戏过程

1. 教师口令："各组准备——架桥开始！"（计时开始）

2. 开始架桥：将一块 A 号桥板架在第一个桥墩上，然后利用 B 号桥板、尼龙绳、滚筒作工具，将另一块 A 号桥板架到第二个桥墩上……一直到对岸。

3. 同学过桥，享受自己劳动成果的快乐。每个组最后一名同学到达目的地，计时结束。

4. 全班同学过桥。游戏结束。

教师讲评

同学们，今天这个游戏活动，不仅仅为了娱乐和游戏，更重要的是：

1. 通过架桥活动，培养同学们的自信心、意志力，培养同学们热爱劳动的心理品质。

2. 让同学们通过架桥活动的体验，感悟劳动过程中相互合作、相互配合的重要性，感受劳动的苦与乐。

3. 通过架桥活动的体验，让学生增强集体意识、安全意识和团队意识。

4. 劳动能改变世界、创造奇迹，劳动能有收获、有成果。通过架桥活动，让同学们享受自己劳动的成果。

5. 下面小结一下架桥活动中同学们的表现。

注意事项

1. 该游戏适合初高中学生，如果是初中低年级的学生，年龄小，桥墩与桥墩间距可适当减小到 2～2.2 米。

2. 如果是高年级学生，桥墩可增高到 0.8 米（两个塑料块重叠）。

3. 如果是小学生做该游戏，A 号桥板可换成 B 号桥板，桥墩与桥墩间距在 1.1 米左右。

4. 要注意场地、器材的安全检查并加强安全教育。

5. 该游戏可邀请家长参与。爸爸、妈妈、孩子为一组，两组比赛。该游戏活动的意义不在于比赛，而在于培育家庭亲子关系，因此教师要侧重从自信心、意志力、合作、热爱劳动、亲子关系、家庭劳动成果的角度予以点评。如果没有点评或忽视点评、点评不到位，则游戏活动不算成功。

6 高墙背卧

教育目的

1. 通过游戏，让学生体验信任的重要性，学会相互信任。

2. 通过游戏，培养学生勇敢、自信、坚定的意志，培养团队协作精神，提高学生的合作意识、配合意识、团队意识。

3. 通过游戏，使学生认识到在集体活动过程中互相关心、帮助、爱护的重要性。

游戏人数

可分为若干组，每组 11 人左右。

游戏场地

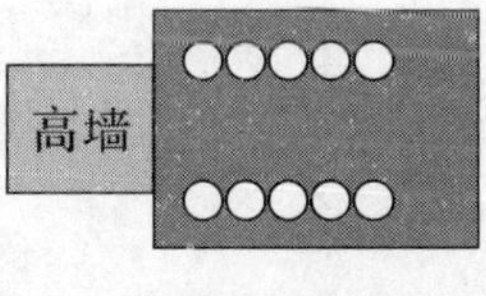

场地平面示意图

游戏器材

1. 高墙用 2 个硬塑料块叠在一起，高 0.8 米。

2. 垫子用体育课的体操垫，两层重叠，长 2 米，宽 1.5 米左右。

教师指导语

同学们，今天心理体验游戏的名称叫“高墙背卧”。这里是高墙，高 1.2 米，同学们要轮流站在高墙上，背向垫子直立卧下。本游戏主要培养同学们勇敢、自信、坚定的意志，培养同学们相互信任、相互合作、相互关心、相互爱护的团队精神。游戏中，站在高墙上倒下的同学，要有勇气，要有自信心，要相信同学能够保护自己；站在垫子上的同学要齐心协力，爱护同学、保护好同学，千万不能让同学摔倒在地上。游戏中大家要认真负责，要注意安全，不能笑，不能嬉戏。

游戏规则

1. 一个学生 A 站在高墙上，背向垫子，直立倒下，躺在保护学生的手臂上。

2. 其他 10 位学生分两排（每排 5 个人）站在垫子上（如图），面对面的两个人手拉紧手，作保护网状，齐心协力不让学生 A 倒下时落地（倒下时身体着地，视为游戏失败）。

3. 站在高墙上倒下的学生，不能蹲着倒下，不能面向垫子倒下，不能跳下，不能溜下。

4. 学生 A 完成倒下动作后，由学生 B、学生 C……直至 11 位同学轮转一遍，游戏结束（如果时间许可，再重复一遍）。

游戏过程

1. 全班学生分成若干组。
2. 教师将学生带到场地旁边，讲解游戏规则。
3. 在教师的指导下，让一个小组按照规则示范一次。
4. 然后其他学生开始做游戏。

感受分享

1. 按原小组讨论，同学们谈游戏的感想。教师引导：只有勇敢、团结、信任、合作、相互爱护才能完成游戏。讨论时间 5 ~8 分钟。

2. 每个小组派一位同学发言，谈活动表现，谈体会、谈感受。发言时间 4 ~6 分钟。

教师讲评

1. 简单评价同学们在活动的组织和过程中的表现。
2. 简单总结同学们的发言情况，评述同学们的活动感受。
3. 简述本次游戏活动是否达到教育目的。

注意事项

1. 本游戏有一定的危险性，尤其是从高墙上背向直立倒下，容易造成脑部受伤，因此，体操垫子要事先检查，要有一定厚度和弹性，或将高度降低到0.8米，要确保安全。

2. 活动前要强调安全，要求学生要认真负责，不能笑，不能嬉戏，保证同学的人身安全。

3. 本游戏中，做保护的学生不能太少，尤其是女同学。小学低年级不宜开展此活动。

4. 本游戏的体验、感受两个环节，符合心理游戏的特点，具有重要意义，尤其不能由于时间紧而忽略“感受”环节。

5. 教师的引导对学生心理感受、心理内化起关键性作用，因此要认真备课。

7 勇士架桥渡海

教育目的

1. 通过架桥、渡海等环节的活动，培养学生机智勇敢的心理品质，培养学生奋力拼搏、团队合作的精神。

2. 通过游戏活动，让学生体验合作过程，学会如何与他人合作，分享合作的成果和快乐。

3. 通过游戏活动过程，让学生体验到人身安全的重要性，体验到提高“面对危险事件”的应对能力的必要性。

游戏人数

全班同学分成若干组，每组8人。

游戏开始时，第一组学生 8 人全在海岛上。其他同学暂时在岸上观看。

游戏场地

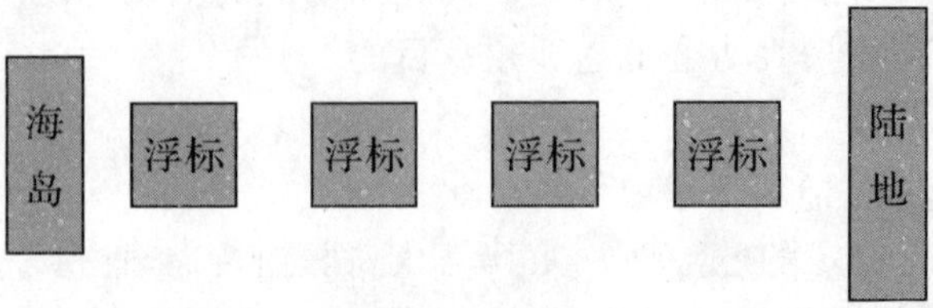

场地平面示意图

海岛由 2 个塑料块构成，每个浮标由 1 个塑料块代替，浮标高度 0.4 米；海岛、每个浮标、陆地之间距离 2 米。

游戏器材

1. 塑料块 8 个以上。
2. 3.0 ×0.35 ×0.04 米的 A 号板 3 块。
3. 滚筒 1 个。

游戏过程

1. 海岛上事先放好游戏器材，8 位勇士站在海岛上。
2. 教师指导语：

（教师站在陆地）同学们，现在做一个心理体验游戏，游戏名称叫“勇士架桥渡海”。游戏规则是：

① 海面浮标不能移动，每个浮标最多只能容纳 3 个人。

② 可利用岛上仅有的 3 块桥板架桥。

③ 人和桥板掉进海里，则架桥、渡海失败。

同学们，现在有 8 位勇士被困在海岛上，正是涨潮期间，如果 3 分钟后不能离开海岛，10 分钟之内不能到达陆地，他们将有生命危险。海浪越来越大，他们只能靠海面浮标登上陆地。

勇士们必须鼓起干劲和勇气，创造条件，奋力拼搏，才有可能以最快的速度到达陆地。现在我宣布：勇士们做好准备——游戏开始！

3. 游戏开始，教师计时，并察看学生有无违反游戏规则。
4. 勇士们架桥，利用浮标作支架，开始渡海。由于海岛—浮标—陆地之间有5个跨度，而海岛上只有3块桥板，因此，他们必须通力合作，利用浮标和桥板架桥，拆后桥搭前桥，逐渐到达目的地。

5. 最后一名同学上岸，计时完毕，游戏结束（可继续安排第二组、第三组游戏）。

6. 教师宣布各组渡海时间，宣布获胜者。

感受分享

1. 按原来分组进行讨论，每位同学谈活动的体会和感受。教师可以有引导语，其关键词是：勇敢、安全、合作。讨论时间4~6分钟。

讨论题目的设计：你认为哪一组在“勇士架桥渡海”活动中表现最勇敢，合作得好，并注意安全？游戏活动中，体会到什么？得到什么锻炼？

2. 每个小组选派1名同学代表小组发言，谈活动表现，谈体会、谈感受。发言时间6~8分钟。

教师讲评

教师自行设计讲评内容（略）。

讲评内容和要求：

1. 根据全班活动情况，简短评述同学们在游戏活动过程中的体会和表现。

2. 重点讲评游戏活动的目的和意义，活动是否达到教育的目的；重点评价同学们在活动中的机智勇敢、合作精神，赞扬同学们奋力拼搏的精神。教师讲评要客观、准确、到位。

3. 评价活动中存在的问题。如果有小组活动失败，帮助分析其失败的原因。

4. 教师要重视“讲评”环节，备课时要预测活动结果，多准备几个讲评方案。

注意事项

1. 教师指导语的重点是强调勇敢、合作，应对危险，注意安全，故要明确活动目的，规范指导语。

2. 分组要注意男女生搭配。活动中如有个别学生“掉进海中”，该学生不再参与游戏活动。游戏可以继续，但讲评时教师要给予评价。

3. 如果桥板掉进海里，宣布游戏失败。

4. 每组活动时间定10分钟，但要考虑学生年龄、男女生的实际情况。建议课前教师先做实验，再定具体时间。

5. 游戏活动前，要做场地、器材的安全性能检查，注意安全，尤其是小学生参与活动时。

8 游击队架桥、断桥

游戏目的

1. 通过游戏活动，培养学生的思维能力、应变能力、合作能力。
2. 通过游戏活动体验，感受到机智勇敢、通力合作的精神。

游戏人数

全班参加，分成若干组，每组8~9人，扮游击队员；
每组人数相等，男女生比例基本相等。
两组两组比赛，比赛前站在起点线边，计时。

游戏场地

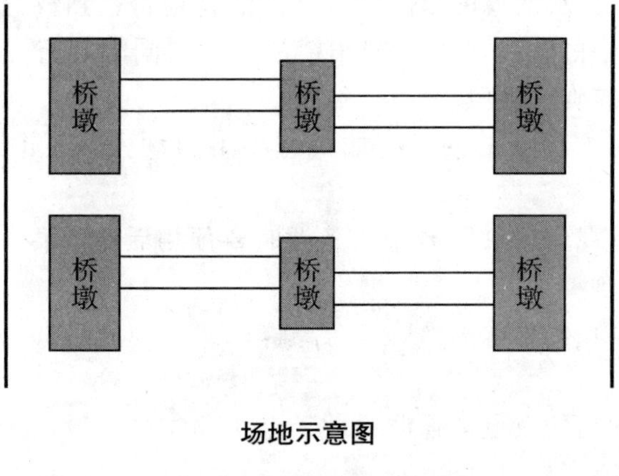

场地示意图

硬质塑料块作桥墩，高0.4米，桥墩距离3米，桥墩架上木柱；两根木柱距离0.5米左右；左右两边各放1条尼龙绳，作为起点、终点。

游戏器材

1．硬质塑料块6个；3.0×0.1×0.1米木柱8根。

2．0.5×0.25×0.03米C号桥板6块（每组3个，放在起点旁）。

3．尼龙绳2条；计时器2个。

游戏过程

1．教师指导语：

今天的游戏叫“游击队架桥、断桥”。同学们扮游击队员。前面是一条大河，河水很急，后面敌人的追兵马上就到。我们必须在最短时间内，利用身边的木板架桥过河，而且过河后必须尽快拆桥。现在我宣布游戏规则。

2．游戏规则：

① 两组游击队员站在起点线边。

② 每个队员都得过桥，如掉入河里重新再来（只要一只脚碰到地面），每掉一个战士，计时后加5秒。

③ 男战士可以帮扶女战士过桥。

④ 过桥后要拆桥，全部战士过桥后将桥板全部搬到对岸，到达终点游戏结束（计时结束）。

3．现在大家做好准备，听我的命令：预备——开始！（计时开始）

4．游击队员开始过桥、断桥。

感受分享

1．活动结束后，按原分组讨论，谈活动成功或失败的原因，谈体会。

2．每个小组派一位代表发言。

教师讲评

1．简单阐述本次活动的目的和意义。

2．对同学们在活动中的表现进行小结。

3．简单评价同学们的体会、感受。

注意事项

1．本活动可以不架桥，C号桥板事先放在桥的木柱上，每0.5米放一块。

2．如果器材不够，也可以只架一边桥，另一边的C号桥板放在地上，作为浮标（C 号桥板可以用其他材料代替）。

3. 如果每组参与学生较多，要注意木柱的承重（可用铁质水管代替）。

4. 强调过桥时注意安全。

9　猛龙过江

教育目的

1. 培养学生应对突发事件的能力，提高学生应对突发事件的信心。

2. 使学生拓展思维、开发潜力，面对突发事件，想方设法克服困难。

3. 使学生认识到，无论何时何地遇到困难都不能畏惧和束手无策，要靠智慧、靠集体力量、靠同心协力、靠团结合作来战胜困难。

游戏人数

1. 参加游戏学生 16～18 人，分成两组、人数相等，每组男女生各半。

2. 一组的学生在东岸、二组的学生在西岸。

游戏场地

场地平面示意图

桥墩用 2 个硬塑料块代替，高 0.4 米；桥墩上有 1 条 A 号桥板；河两岸各 1 个硬塑料块作码头；两岸码头离桥墩各 3.0 米。

游戏器材

1. 硬质塑料块 4 个。

2. 3.0×0.35×0.04 米 A 号桥板 3 条（两岸、桥墩各 1 条）。

3. 1.5×0.35×0.04 米 B 号桥板 2 条（两岸各 1 条）。

4. 滚筒 2 个（两岸各 1 个）。

教师指导语

1. 同学们，今天游戏名称叫“猛龙过江”。现在狂风暴雨，江水凶猛，江中有一个桥墩，很快就要被淹没。河两岸的同学必须渡江回家。

2. 教师宣布游戏规则。

3. 活动过程中大家要小心，注意安全；现在大家做好渡江准备。

游戏规则

1. 两岸组员利用现有的过江工具，必须迅速、安全全部渡过对岸。

2. 桥墩高0.4米，江水暴涨，15分钟后淹没桥墩。

3. 组员不能掉进江里（不能脚踏地面），工具掉进江里不能再拿回来。

4. 15分钟内，能顺利过江的获胜。

游戏过程

1. 教师宣布渡江：“大家听我口令，预备——开始!”（计时开始）

2. 两岸学生开始游戏活动，组织过江。

3. 教师计时，察看学生有无违反游戏规则。

4. 教师提醒时间；游戏活动时间到，游戏结束（或学生提前过江，游戏结束）；宣布游戏是否成功。

感觉分享

1. 学生讨论：怎样渡江？如何组织集体渡江？

2. 谈渡江活动后的体会和感想。

3. 教师对游戏活动进行小结：同学们如何应对突发事件？如何想方设法同心协力克服困难？渡江后的感受是什么？简述游戏活动是否达到教育目的。

注意事项

1. 游戏活动过程中，教师不能透露渡江方法，不能提示两组“合作”、“交换”渡江工具等。

2. 游戏时间到，如果学生无法渡江，宣布“渡江失败”，游戏结束。教师告知渡江办法，重新渡江。

3. 本游戏适合初中以上学生，有一定危险性，教师要强调安全。

10　夜间建房子

教育目的

1. 通过游戏，培养同学们团结、协作、配合的团队精神，做到既服从指挥，又团结协作。

2. 通过游戏，使同学们在头脑中建立起“空间、结构”的构图，提高同学们的空间感、方位感。

3. 通过游戏，让同学们体验劳动与协作的快乐。

游戏人数

每组 5 人或 6 人，选 1 人作指挥员，共 3 组比赛（也可以两组）。

两组或三组同时进行。

活动时间 15 ~25 分钟。

游戏器材

1. 每组尼龙绳 6 条，分别为 10 米、10 米、8 米、6 米、5 米、3 米。

2. 眼罩一批（参加活动的同学要戴上眼罩，指挥同学不用戴眼罩）。

3. A4 纸一张，画图，如下：

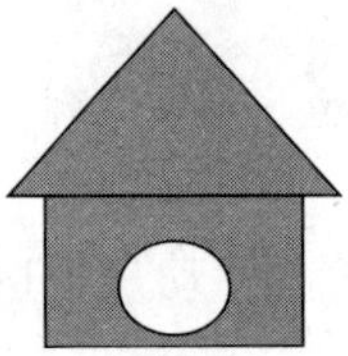

图 1

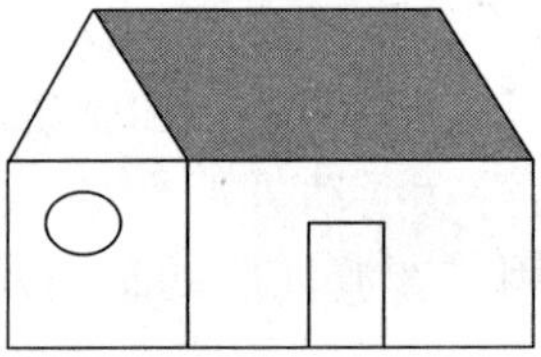

图 2

教师指导语

今天的游戏名称叫“夜间建房子”。在地面上搭建房子（如图）。

游戏规则

1. 用绳子做材料，在地面上“建”出房子的样子。

2. 组建的房子至少有三个图形：正方形、三角形、圆形。

3. 每组有几条不等长的绳子，绳子可以重叠、转角、转弯。

4. 5个戴眼罩的同学搭建房子，另外1人当指挥员，指挥戴眼罩的同学建房子。

5. 指挥员只能动口指挥，不能亲手参与建房子。

6. 房子建好后，要离开房子，才能将眼罩脱下。

7. 建房子比赛，看哪一组建得又快又好看。

现在各参赛人员戴上眼罩，准备——开始！（计时）

游戏过程

1. 指挥员看图指挥。
2. “夜间”建房子。
3. 全体同学评比。

教师讲评

1. 简评同学们的活动表现。

2. 重点评述房子建得又快又好的原因（事先不讲）：

① 指挥者的指令要明确，语言要简单明了。

② 戴眼罩的同学要编成1、2、3、4、5号；这样便于指挥，也便于站位（转折点）。

③ 5号负责拿绳子、拉绳子。

④ 建房顺序大家要有共识：如先建屋顶，再建屋墙，后装门窗。

⑤ 戴眼罩的同学行动要听指挥，防止“碰坏”已经建好的部分。

3. 讲评活动的教育目的和意义。

注意事项

1. 本游戏适合小学、初中、高中学生。
2. 低年级学生可采用图1方案；高年级学生可采用图2方案。
3. 本游戏时间不宜太长，防止有个别同学因戴眼罩、转动而头晕，因此要慎用图2方案。

11　夜间搭帐篷

教育目的

1. 通过游戏，让同学们体验方向感、方位感、空间感。

2. 通过游戏，让同学们学会合作、学会互助、学会配合；同时学会遵守“劳动规程”，听从劳动指挥，遵守劳动纪律；培养劳动安全意识。

3. 通过游戏，使同学们体验集体生活的乐趣，体会享用劳动成果的喜悦，感受野外宿营的乐趣。

游戏人数

参加活动人数 9 人，其中 1 人是队长，当指挥员。

其他 8 人戴上眼罩。

游戏场地

搭建后的帐篷如下图：

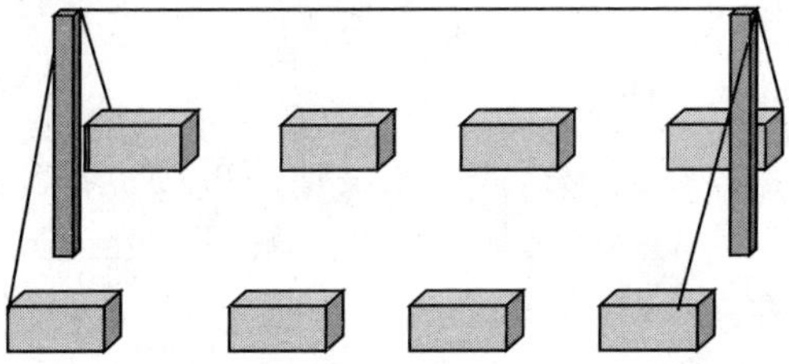

场地示意图

器材放在场地旁。硬质塑料块 8 个；塑料块左右距离 1.2 米，前后距离 2 米（如图）。

游戏器材

1. 硬质塑料块 8 个。

2. 1.5 ×0.35 ×0.04 米 B 号桥板 2 块。

3. 尼龙绳 3 条，长 5 米。

4．眼罩8个，录音机。

5．A4纸一张，画图，如上。

游戏过程

1．教师指导语：

同学们，我们正在野外宿营，现在是夜里9点，又是仲夏季节，天上乌云密布，随时有暴雨来临，必须马上搭建帐篷。我们要利用山上现有的石头、木材（指身边器材），尽快就地搭起帐篷。

搭建帐篷的顺序是：

① 摆好8个塑料块，成为两排睡床。

② 两个人树立2个桥板作支架（扶住或跳高架子）。

③ 拉好3条尼龙绳，帐篷就算搭建完成（出示图纸）。

由于是夜里，8位搭建帐篷的人要戴上眼罩。搭建帐篷时要听队长指挥。

由于夜里作业，在搬动器材和搭建过程要注意安全，防止碰伤。

现在戴眼罩，准备——开始！（计时）

2．同学们开始搭建帐篷。（放轻音乐）

3．（刮大风，下大雨音乐）帐篷搭建后，同学们坐在床上摘下眼罩，教师分发水果或零食，游戏结束。

感受分享

1．戴上眼罩行走、劳动，有何感觉？是否迷失方向、错乱方位？

2．活动过程中，如何相互合作、相互帮助？搭建帐篷时，如何组织、听从指挥？

3．劳动过程中，体会遵守劳动规程、安全生产的重要性。

4．通过自己搭建帐篷的劳动，体会到了什么乐趣，感受如何？

注意事项

1．该游戏的成员戴眼罩，搬动塑料块、桥板时，有一定危险，要强调安全、防止碰撞，要严格按照“劳动规程”操作，听从指挥进行搭建，故不宜比赛。

2．如指挥员违规指挥，或其他人员未听从指挥，老师要及时指出。

3．年纪小的学生做该游戏时，可以不要塑料块、桥板搭架睡床的环节，只用4个木砖或砖头固定帐篷四个角的尼龙绳，但劳动体验会淡薄一些。

12　古城探险

教育目的

1．通过游戏，培养同学们敢于挑战、勇敢机智、一往无前、团结协作的精神。

2．通过游戏，让同学们理解胆大心细、合作、配合、听指挥、同心协力的重要性。

3．通过游戏，让同学们学会互相关心、互相帮助、互相照应，形成团结友爱的团队。

游戏人数

游戏人数 11 人，其中 1 人当向导。

游戏场地

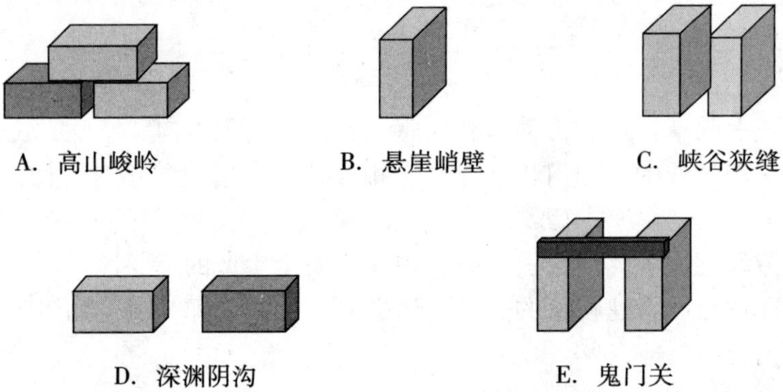

场地示意图

用硬质塑料块组合成上面 A、B、C、D、E 图形；高山峻岭最高峰 0.8 米，狭缝宽 0.5 米，阴沟宽 0.4 米；鬼门关高 1 米，宽 0.7 米，上面架 B 号桥板。

游戏器材

1．硬质塑料块 10 个。

2. 1.5 ×0.35 ×0.04 米 B 号桥板 1 条。

3. 眼罩 10 个。

4. 尼龙绳 1 条，约 20 米。

游戏过程

1. 教师讲故事：

传说在某深山老林中，有一座古城堡。从来没有人能顺利到达这个城堡，没有人知道这个城堡中是否藏着金银财宝。因为：第一，沿途是高山峻岭、悬崖峭壁、峡谷狭缝、深渊阴沟、鬼门关。第二，密林深处，不时有瘴气缥缈，闻到瘴气者当场死亡，只有个别常年在深山打猎并有解药的猎人，才能穿行在此中。有一支探险队，共有 10 人，决心到古城探险，并请了一位猎人当向导。猎人答应当向导的条件是：探险队员必须一路不说话、戴上眼罩，以保证不吸入瘴气、今后不会再来城堡。一路上，探险队员戴上眼罩，手臂套在绳子上，不能语言交流，只能用肢体语言传递信息给后面另一位队员。就这样，在向导（不戴眼罩、可以讲话提示）的带领下，探险队终于跋山涉水，艰险而又安全地到城堡探险。

我们现在来玩这个游戏，按这个故事的要求来体验“古城探险”的艰辛。探险过高山峻岭、绕悬崖峭壁、穿峡谷狭缝、跨深渊阴沟、闯鬼门关，最后进入城堡。

现在探险队员戴上眼罩，系好绳子，一路上要按 A、B、C、D、E 路线前进。

准备——出发！

2. 探险队员开始探险活动。

分享感受

探险队员向全班同学谈谈探险过程的感受和体会。教师引导：从勇敢、心细、听指挥、团队合作、协调、安全的角度谈感受，不是谈好玩或相互埋怨。

教师讲评

教师必须认真、重视总结。备课时，准备几种可能出现的情况下的总结方案。

1. 简单评价探险过程中队员们的表现。

2. 这么多艰难险阻和对探险队员的条件限制，探险队员为何还能顺利到达城堡？

3. 一路探险，靠什么精神、毅力来战胜困难？

4. 简述游戏活动是否达到了教育目的。

注意事项

1. 该游戏活动只适合初中高年级以上的同学。

2. 要选好向导，事先要交代向导如何引路、如何简单明了地提示、如何保护队员。例如，绕悬崖峭壁时，不能因人多碰到峭壁而砸伤；跨深渊阴沟时，不能掉下沟里；尤其是闯鬼门关时，注意不能碰伤脑袋。

3. 过高山峻岭、跨深渊阴沟时，队员要从硬质塑料块上翻越；过悬崖峭壁只是绕着塑料块走；穿峡谷狭缝、闯鬼门关时，队员从两个塑料块之间穿过。

4. 用绳子套队员左臂，不能套得太紧，要能够脱出。绳子要先扎好小圈子；两个小圈子之间的距离（队员之间的距离）不能少于1米。

5. 可以不戴眼罩，先体验一遍，然后再正式开始。正式开始游戏时不能摘下眼罩。

6. 要求活动过程中，队员不能说话、不能嬉笑、不能打闹，要细心听指挥。

7. 游戏有一定危险性，要反复强调安全。

13 夜袭敌营

教育目的

1. 通过游戏，提高同学们的国防观念、战备意识，提高同学们的“实战”技能。

2. 通过游戏，培养同学们机智、机灵的战术能力，培养同学们勇敢、谨慎、安全的战时心态。

3. 通过游戏，让同学们体验夜战、闯敌营、抓俘虏，同时锻炼同学们的夜间方位感、方向感。

4. 通过游戏，培养同学们的反应力、意志力、耐挫力和吃苦精神。

游戏人数

游戏时间约 25 ~ 30 分钟。

分两组，每组 7 ~ 8 人。

一组为红军，手臂系上红丝带；另一组为蓝军，手臂系上蓝丝带。

游戏场地

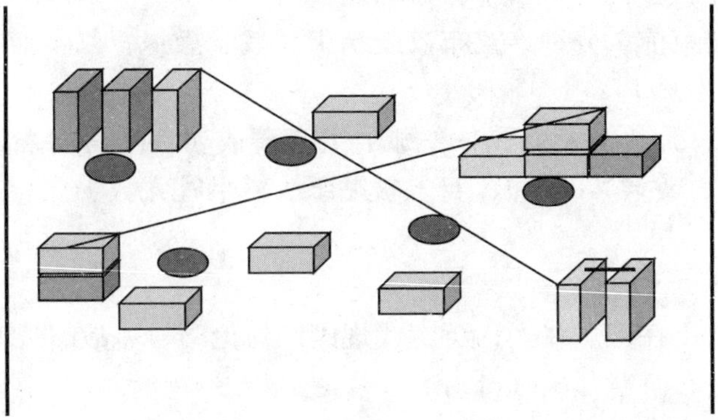

场地示意图

障碍物为敌营工事，用硬质塑料块组合；两个立起的塑料块之间距离 0.4 米，隐蔽处；红纸圆圈是地雷，直径为 0.4 米，放在地上；尼龙绳架在塑料块上，是带电的电线；左右两边是双方地面起点线（尼龙绳）。

游戏器材

1. 硬质塑料块若干个（如器材不足，可用其他替代）。
2. 尼龙绳若干条。
3. 红色纸圆圈 3 ~ 5 个，每个纸圆圈摆一纸杯水（地雷）；眼罩 10 多个。
4. 红丝带、蓝丝带各若干条；红色、蓝色贴纸若干。
5. 计时器。
6. 备用器材：小红旗、小蓝旗各 30 支。录音机、战斗场面的音乐。

游戏规则

1. 游戏开始时，红、蓝两军战士分别戴上眼罩，每人胸前贴上编号，身上带着旗子（编号贴纸，号码与胸前编号相同），站在起点线上。

2．红军战士在障碍物上插上红旗（贴纸）；蓝军战士在障碍物上插上蓝旗（贴纸）。

3．两个战士相遇，小声对暗号（或“长江、黄河”或“红军、蓝军”或“胜利、夜袭”），发现是敌军，往对方身上贴纸（被贴纸，不得撕下；被贴1张为轻伤、2张为重伤、3张为牺牲，老师宣布几号战士牺牲，离开夜战）。

4．战士如果踏上地雷，即牺牲，老师宣布几号战士牺牲，离开夜战；如果碰着电线，即受伤，要穿过隐蔽所疗伤，可以再参战，若长时间未疗伤，老师宣布几号战士流血牺牲，离开夜战。

5．游戏结束前2分钟，宣布夜袭结束，战士撤退，红、蓝军撤回自己营地（撤回原起跑线）。

时间一到，游戏结束，看一看哪个组夜袭成功：障碍物插上旗子多（贴纸多，号码相同的只算一次），身上被贴纸少，牺牲人数少。

游戏过程

1．两军战士在起点线上，听游戏规则，讨论暗号、战略战术。

2．老师宣布游戏开始（计时）。

3．两军“夜袭敌营”（放音乐：机关枪声、爆炸声、喊杀声）。

4．时间一到，游戏结束，评战果。

感受分享

1．按原小组，同学们谈战果，反思战略战术。

2．同学们谈体会、感受。

3．向全班同学汇报战果及体会和感受。

教师讲评

1．简述游戏活动过程中同学们的表现。

2．重点评述同学们的体会和感受。

注意事项

1．该游戏适合初中以上学生。由于同学们戴眼罩独立行动，不宜设计过桥、爬高等障碍。

2．该游戏可以在军训过程中开展。

3．该游戏中同学们戴眼罩，有一定难度，时间不宜太长，以免头晕。

4. 该游戏有难度，可以根据学生年龄适当增加或降低难度。例如：

① 地雷、电线只保留一项或两项都不要。

② 减少战士撤回自己营地的环节。

③ 战士碰上电线，只是轻伤，不下火线。教师在轻伤战士身上贴上记号，战后计算受伤人数。

④ 战士们身上可以带着若干支小红旗或小蓝旗，红军战士插上红旗同时拔掉蓝旗，蓝军则相反。最后看哪种旗子多。但要注意：第一，因戴眼罩，两种旗子的原料、造型、规格要可用手识别。第二，障碍物上要有固定、安全的插旗的地方。

5. 贴纸要编号，每个战士一个号码，其胸前贴纸与手中贴纸同一号码，以便战后识别计分。

6. 工事要牢固，要强调安全。

14 抢占山头

教育日的

1. 通过游戏，锻炼同学们同心协力、步调一致、勇往直前的坚强作风。
2. 让同学们在游戏中体验合作、协调、听指挥的重要性。
3. 让同学们在游戏中体验军旅生涯的感受。

游戏人数

参加游戏 18 人，分成 6 组，每组 3 人。

每组一对“3 人联合木屐”，队员穿上木屐站在起点线边。

游戏场地

场地示意图

山头由4个硬质塑料板叠成（如图）。山头前有障碍物——红线，架高0.6米；山头前、起跑线各放2条尼龙绳在地上；地上2条尼龙绳之间距离6~8米；6对“3人联合木屐”；每组1支小红旗。

游戏规则

1. 同学们穿上木屐，拿着小红旗，各就各位，站在起点线上。
2. 音乐一响，各组“抢占山头”开始。
3. 到达第二条蓝线后，要3人集体都跨过红线，才可以徒步爬山，并将红旗插在山头上。
4. 音乐停止时，未到达第二条蓝线者，被淘汰（教师控制音乐，有4~5组到达第二条蓝线时，即停音乐）。
5. 反复比赛，直至最后决出优胜者。
6. 一路上，如红旗掉在地上或未能3人集体跨过红线，将视为违规。

游戏过程

1. 教师指导语：

今天的游戏叫“抢占山头”。前面是敌军山头，地形险恶，火力集中凶猛；山前是一片广阔地带，难于隐蔽。因此，我们必须迅速通过这片广阔地带，然后跨越障碍，消灭敌人，将红旗插在山头上。我们分成6个小分队，一起抢占山头。现在听我命令：预备——出发！

2. 小分队开始抢占山头（音乐：战斗场面的音乐）。
3. 优胜的小队再继续比赛。

教师：第一个山头已经攻克，第二个山头抢占开始，预备——出发！

感受分享

1. 分成3个小组，同学们谈活动体会、感受。
2. 每组选一个代表发言，汇报小组的体会、感受。

本游戏的目的不仅仅是游戏比赛、娱乐，更重要的是通过游戏比赛、娱乐，达到教育的目的，因此，教师要给予适当的引导、提示。

教师讲评

1. 对队员们的活动表现予以评价、肯定。
2. 优胜队取得胜利的主要原因是什么？主要是：合力矢向、步调一致、团结勇敢、相互帮助。

3. 简述游戏活动是否达到了教育目的。

注意事项

1. 本游戏适合小学、初中、高中学生；适合家长活动日，由爸爸、妈妈和学生一家人参与活动，这样有利于家庭亲子教育。

2. 根据学生年龄，山前的障碍物可以升高或降低。

3. 如场地许可，6 个小分队也可以从四面八方抢占山头（场地布置略有改变：① 不要山前障碍物；② 用一根尼龙绳将山头围成圆圈，作为抢占山头的范围）。

15　夜穿封锁线

教育目的

1. 游戏的主要目的是娱乐，活跃气氛。
2. 让游戏参与者在不知情的状态下，尽情自我表现。
3. 让大家观察参与者在不知情的状态下如何表现。

游戏人数

小分队，7 ~ 8 人，有男生女生。戴上眼罩。
老师当指挥，助手 4 ~ 5 人。
其他同学观看（可以七嘴八舌地指挥）。

游戏场地

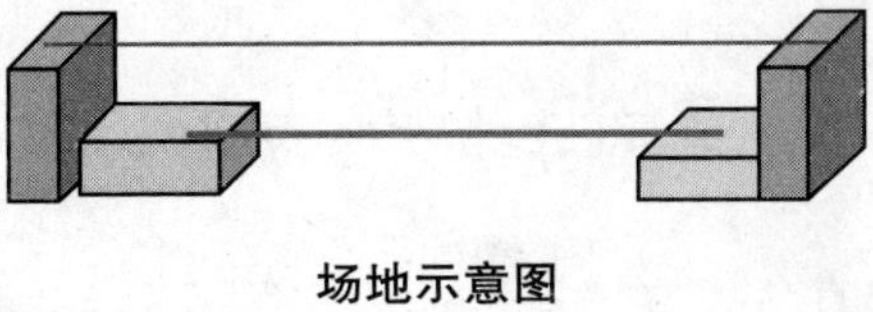

场地示意图

硬塑料块 4 个，如图摆设，高度分别为 1 米和 0.4 米，距离 3 米；硬塑料块上放一支 3 米木柱条或竹竿；架上 1 条尼龙绳。

游戏过程

1. 教师指导语：

同学们，现在进行一个游戏，叫“夜穿封锁线”。前面是敌人的阵地，火力很猛，封锁前进道路。趁现在是夜间，我们小分队战士必须尽快安全地穿越过封锁线。

2. 下面宣布穿越封锁线的规则：

① 穿越封锁线时，小分队战士必须戴上眼罩，不得偷看。

② 前面是封锁线，小分队战士必须从铁丝网、电线（木柱、尼龙绳）之间穿越，才能保证安全顺利通过。

③ 穿越时，大家可以做一些夸张的动作，但身体任何部位碰到木柱、尼龙绳，就是违规，即中弹牺牲。

④ 穿越时，要听我指挥。

3. 现在听口令：检查身上背包、武器，戴上眼罩，预备——出发！（放音乐。助手马上将所有道具搬开，剩下一片空地，小分队战士不知道。）

4. 小分队战士在老师指挥下，穿越封锁线。（指挥：弯腰、头不要碰到电线、抬脚，跨过铁丝网等，同学们可以七嘴八舌参与指挥）

5.（音乐停）战士们，穿越时谁碰到了铁丝网、电线？（战士们表示没有碰到）你认为你穿越时表现得怎样？

6. 现在，请战士们站好，摘下眼罩，看看穿越到哪里啦？

教师讲评

同学们，本游戏的主要目的是让大家开心、娱乐，活跃气氛；同时让大家观察，游戏参与者在不知情的状态下，如何淋漓尽致地表现。刚才这几位同学表现得很好，但大家可以观察到，每个人的表现不一样，说明穿越时每个人的心理状态不一样。

注意事项

1. 小分队战士不知道道具已经搬开，否则游戏没有效果，故不能提示状况。

2. 老师指挥要逼真，要有“亲身体验感”，不能随意指挥。

3. 同学们可以七嘴八舌指挥，但不能暗示状况；助手可以帮忙“指挥”。

16　相伴同行

教育目的

1. 通过游戏，活跃气氛，调节心情，促进班集体凝聚力。
2. 通过游戏，锻炼学生的方位感，培养学生的沟通能力、配合能力。

游戏人数

1. 学生（双数）10~16人，有男生女生。
2. 两人配对搭档。

游戏场地

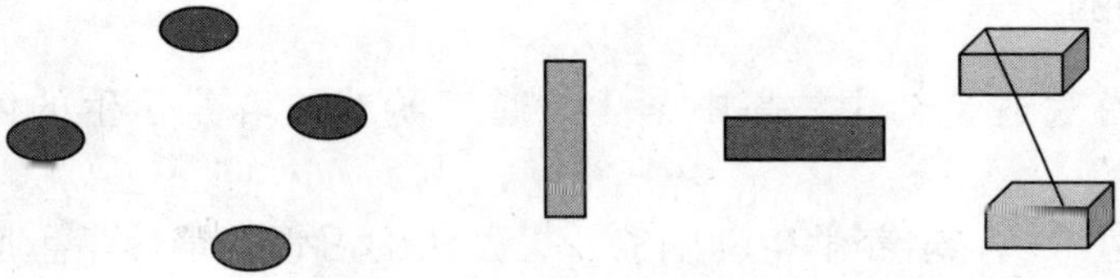

场地示意图

地面有幸运站、气球、鲜花、路坎、桥面、障碍物；幸运站用纸代替，放在地面；桥面、路坎用C号木板代替，摆在地面上；障碍物由2个硬塑料块、尼龙绳组合，高0.4米。

游戏规则

1. 学生甲背学生乙，学生甲扮“瞎子”，戴上眼罩，学生乙扮“瘸子”，为“瞎子”指引路。

2. 路上可不按顺序，但有要求：“幸运站”要踩到；气球须踩破；鲜花须拾起，送给女生；路坎要跨过，不能踩到；桥面应通过，不得走出桥面；终点站是障碍物，须从尼龙绳上跨过，不得碰到。

3. 游戏过程中，学生乙不能下地。

4. 到达终点时间最短者获胜。

游戏过程

1. 挑好人选，配对，发放眼罩，做好准备。
2. 教师宣布游戏规则，提醒注意安全。
3. 预备——开始！（计时开始，放音乐）

教师讲评

人生必定要与人相处，人与人相处就要语言和心灵沟通，相处就要相互合作配合、协调，否则无法相处。本游戏的目的就是要通过活动，培养同学们的沟通能力、配合能力，同时活跃气氛，调节心情，提高集体的凝聚力。

17　穿过电网①

教育目的

1. 该游戏适合初中、高中学生。通过游戏，培养学生的团队、协作精神。

2. 通过游戏，培养学生动脑筋、想办法的习惯，培养学生胆大心细的品质。

游戏场地

场地：室外，场地足够活动。

道具：用“跳高架”搭起两个“电网”。每个电网有一个“洞口”，其规格是：40 厘米 ×65 厘米，洞口下端离地面高约 70 厘米（电网可用旧的球网代替）。

“电网”如右图：

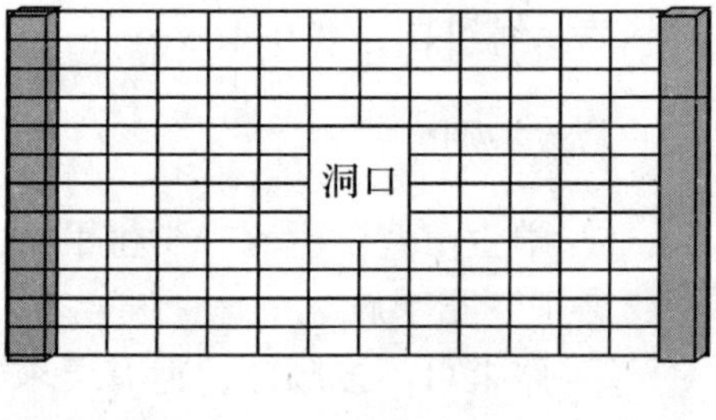

① 本游戏由南海教育局提供，作者略作修改。

游戏过程

1. 以报数的方式，将学生分为两队，每队约16人（8男8女），其他学生当观众。

2. 两队分别将每个队员安全穿过电网。全部队员安全穿过电网后，以计分定胜负。

3. 游戏规则：

① 游戏一开始，任何人不得说话、发出笑声。

② 游戏中不能借助任何物品。

③ 队员过了电网后，不能再回去支持别人，只能在另一边进行接队友。

④ 计分：活动约12～15分钟时间。每分钟计1分。过电网时，哪一个队员的身体部位碰到了电网，加0.5分。累计分数少的团队获胜。

4. 可以给学生2分钟做准备，想办法，商量如何安全通过。

5. 比赛开始。计时开始（注意：比赛开始后，教师只能提示“要充分利用身边的人力资源”，其他话不能讲，让学生动脑筋、想办法）。

6. 全部同学穿过电网后，老师宣布比赛成绩，宣布获胜团队。

感受分享

1. 讨论：寻找和分析输赢的原因，在游戏过程中，我们如何才能做得更好、更完善？

2. 分享：游戏过程中，我们感受到什么？体会到什么？

3. 总结：

① 该游戏目的在于培养同学们动脑筋、想办法的习惯，培养同学们胆大心细的品质，培养同学们互相帮助、互相爱护、互相协作的团队精神。

② 对游戏过程中同学们的表现予以准确评价。

③ 在日常生活与工作中，我们时常会遇到自己一个人无法独立完成的事情，要学会利用身边的人力资源，团结协作来一起完成任务。

注意事项

1. 该游戏最好、最快的方法：每个通过电网的同学，必须面向地面躺下、伸直身体，两边的其他同学平抬着他（平卧），接送过洞口，双脚先通过洞口。最难通过的是第一人和最后一人。第一人双脚通过洞口后，脚站地面，身体成90度，才过洞口。最后一人要站在网边，身体90度弯腰，双手向前

伸直和身体伸过洞口后，其他同学扶起他的身体，而后他伸直双腿平卧，其他同学平抬着他，接过洞口。

2. 该游戏的关键点：事先不告诉学生穿过洞口的方法和过程，让学生想办法，自行组织、协作。

3. 对高年级、身材高大的学生，电网洞口下端离地面的距离可提高 5 厘米。

18　协作传银球

教育目的

1. 通过游戏，活跃班级气氛，增强班集体凝聚力。
2. 通过游戏，使同学们感受到合作、配合的重要性。

游戏要求

参加人数：全班同学。

游戏道具：乒乓球若干、硬塑料块 8 个、玻璃汽水瓶 8 个、橡皮筋若干、小塑料桶 8 个、小奖品若干、计时器 1 个。

场地布置：8 个硬塑料块平行排成两行，每行 4 个，两行距离 5 米；一行摆上 8 个玻璃瓶，另一行摆上 8 个小塑料桶。如下图所示：

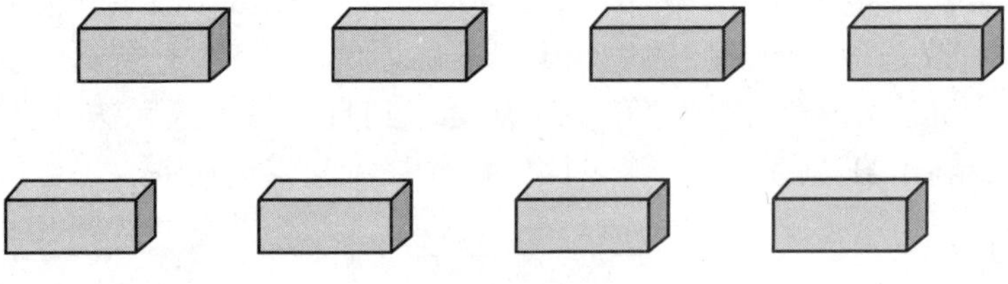

场地示意图

游戏过程

1. 比赛前，工作人员布置场地，将乒乓球放在玻璃汽水瓶口上。

2. 两人一组，每次 8 组 16 人同时参加比赛。工作人员 4 人。

3. 老师宣布比赛规则：

① 参赛两人合作，两人用右手的拇指、食指将橡皮筋撑开成长方形，然后用撑开成长方形的橡皮筋，将玻璃瓶口上的乒乓球架起，送到对面的小塑料桶。

② 5 分钟内，送到小塑料桶里的乒乓球多者获胜。

③ 每组发橡皮筋若干条。若橡皮筋断开，可用新的橡皮筋。

4. 第一轮比赛开始，计时。

5. 第二轮比赛，另外 8 组 16 人参加比赛。计时。

6. 直至全部同学都参加完比赛，游戏结束。宣布获胜者。

感受分享

1. 游戏过程，你有何体会?

2. 谈谈合作、配合的重要性。

教师讲评

该游戏有一定的难度，难就难在两人用右手配合，撑开橡皮筋并架起乒乓球比赛；难就难在既要细心和配合，又要比赛。这就考验了同学们的合作能力、细心程度，这也是该游戏的真正目的。活动中，同学们的表现很好。希望同学们经过活动，得到体验。

19 护送伤员过河

教育目的

1. 通过游戏，让同学们体验“护送伤员过河”的情境。

2. 通过游戏，让同学们理解矢量、体验合作的过程。

游戏要求

人数：每组 6 人，分组比赛。

道具：硬塑料块 4 块、A 号板 2 块、尼龙绳 1 条 15 米左右、计时器 1 个。

场地：满足游戏活动。场地布置成“架桥过河”（老师用图纸展示场地布置状况，并事先在地上画好2组“桥墩”的位置)，如下图：

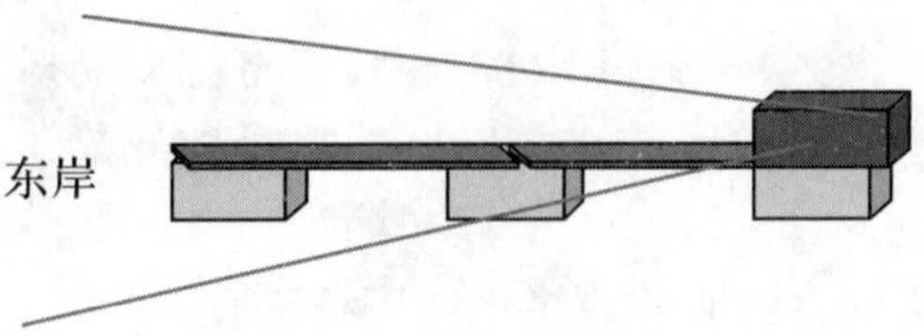

场地示意图

3块硬塑料块作桥墩，每个桥墩距离约2.5米。2块A号板作桥面。另外一个硬塑料块作抬“伤员”的担架。

游戏规则

1. 桥面只能承重1个人，两位队员只能站在河里，护送伤员过河。
2. 水深1.3米，故只能将担架放在桥面，推着担架，护送伤员过河。
3. 另外4位同学分别站在东岸、离桥墩5米处，拉动套住担架的绳子，慢慢地将担架拉过河。
4. 如果“伤员”掉下河里，或全程超过5分钟，护送伤员失败。

游戏过程

1. 同学们分成若干组，每组6人。先两组比赛。
2. 教师指导语：

同学们，前方战斗仍在进行。5分钟后，敌机将在空中俯冲扫射，封锁河面。我们必须尽快架桥，在敌机到来之前将伤员护送过河。现在，护送伤员过河比赛开始。

3. 两组同学开始“护送伤员过河”比赛。计时开始。
4. 其他组参加比赛。时间短、安全过河者获胜。

感受分享

各组同学找“胜利”或“失败”的原因，谈活动体验。

教师讲评

1. 简述游戏活动的目的，简评同学的活动表现。
2. 小结和评价同学们对活动的体验和感受。

（注：高年级同学可增加难度，桥面不用 A 号板，可用“木条”架起，如“8 游击队架桥、断桥”的场地布置。）

20 匍匐过桥

教育目的

1. 通过游戏，加强学生的国防观念，提高学生的军事素养。
2. 通过游戏，培养学生勇敢、机智的心理品质。

游戏要求

人数：每组 10 人（不少于 8 人）。

场地：室外，学校塑胶跑道上。

道具：硬塑料块 6 块、3×0.45×0.04 米的 A 号板 2 块、“炸药包” 1 个；计时器 1 个。

道具摆设如下图：长度 6 米，高度 0.8 米，桥宽 0.4 米。

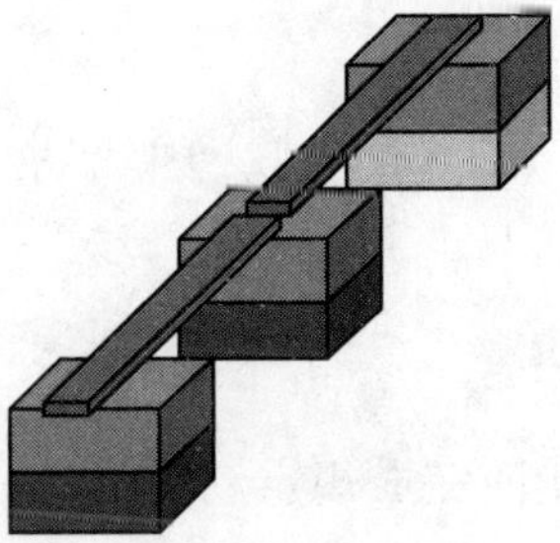

场地示意图

游戏过程

1. 全班同学分组，10 人左右为一组。
2. 同学们逐一表演，手抱“炸药包”，匍匐前进，通过桥面（放音乐）。
3. 各组计时，用时最少者获胜。
4. 注意事项：① 活动过程中，要加强保护，要防止人或桥板掉落地面。因此，要由教师和 2 位同学当保护者。② 该游戏适合初高中学生。

感受分享

1. 在墙面上匍匐前进时，你感到害怕吗？
2. 游戏过程中，你体验到什么？有何感想？

21 冒险家

教育目的

1. 该游戏有一定的危险性，通过游戏活动，锻炼学生的胆量和细心。
2. 该游戏有一定的难度，通过游戏活动，培养学生勇敢和协作的精神。

游戏要求

人数：每组 10 ~ 12 人（不少于 8 人）。

场地：室外，草地上或塑胶跑道上，或沙滩上（不要在水泥地面）。

道具：塑料块 3 块、1.5 ×0.45 ×0.04 米的 B 号板 1 块、体育垫子若干块。

道具如右图摆设，高约 1.4 米；周围地面铺上体育垫子。

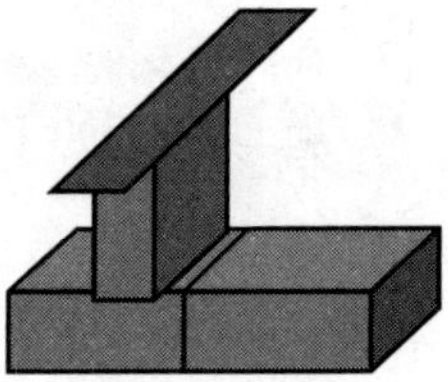

场地示意图

游戏过程

1. 同学们围成一圈，轮流完成规定动作。
2. 做好保护分工，检查安全保护措施。
3. 规定动作：一位同学爬上高台（爬到 B 号板上），坐定后，轻轻躺在 B 号板上，然后坐立起来，下到地面来。
4. 其他同学要负责做好保护工作。
5. 同学们轮流一遍后，游戏结束。

感受分享

1. 爬上高台后，感觉如何？是否双脚发抖、感到无力？
2. 躺在高台上，是否担心掉下来？

3．通过活动体验，有何感受？

教师讲评

有一些工作，属于高空作业的项目，往往需要胆量、合作和必要的保护措施。该游戏培养同学们勇敢、细致和协作的精神，同时让大家体验“高空作业”，体验合作和保护的重要性，学会做好安全保护措施。

注意事项

1．该游戏有一定危险性，只适合高中学生，自愿参与。
2．地面必须铺上足够厚的垫子。
3．要做好保护分工：2 人负责保护 B 号板掉落，6 人负责保护同学跌落。
4．该游戏过程不准嬉戏、说笑，必须有教师在场。

22 救护伤员

教育目的

1．通过游戏，体验战时气氛，学会救护伤员的知识，提高救护能力。
2．通过游戏，体验“爱心行动”，学会关心、帮助他人。

游戏要求

人数：每组 5 ~ 6 人，一人扮“伤员”。

场地：学校大操场的一边为“战场”，50 米外竖一牌子，写上：战地医院。

道具：每组 B 号板 1 块、红领巾若干条（代替“三脚绑带”）、绑带若干、计时器 1 个。

游戏过程

1．全班分成若干组，每组一位组长，一位“伤员”。
2．请医生讲解包扎伤口、救护伤员的知识，并实地作示范。
3．活动开始：同学们利用 B 号板作“担架”，学习“包扎伤口、救护伤员”。（放音乐，计时开始）

4．将“伤员”抬上担架，送到战地医院。（计时结束）
5．各组轮流，完成规定动作。看哪个组完成得又快又好。

感受分享

1．讨论：是否学到包扎伤口、救护伤员的知识和技能。
2．体验：同学们谈谈活动中的体验、感受。
3．小结：老师对活动进行简单的评价和小结。

23　积木创意

教育目的

1．通过游戏，激发学生的创造热情和培养学生的创造能力。
2．通过游戏，培养学生在计算机上的设计能力和空间构图能力。

游戏要求

人数：全班同学参与。
场地：学校电脑室、大操场。
道具：利用现有的心理游戏组合式器材。

游戏过程

1．教师事先将“心理游戏组合式器材”变成电脑的模拟“积木模型”，储存于电脑里。

2．学校电脑室，学生2～3人一组。

3．学生利用电脑，将模拟“积木模型”组合、设计、构成各种不同的造型构图。要求设计要创新独特、构图要寓意深刻、造型要有美术感。如下面构图：

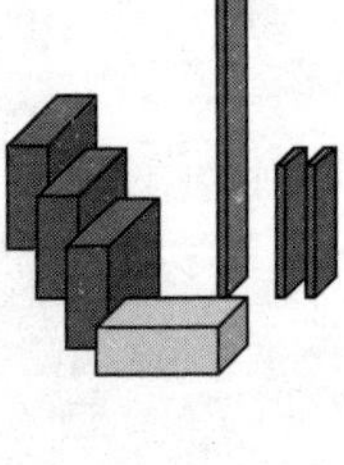

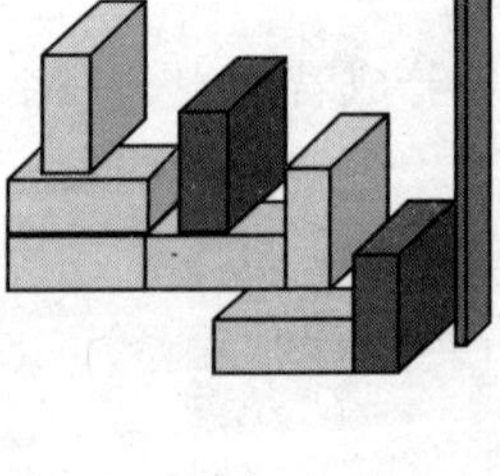

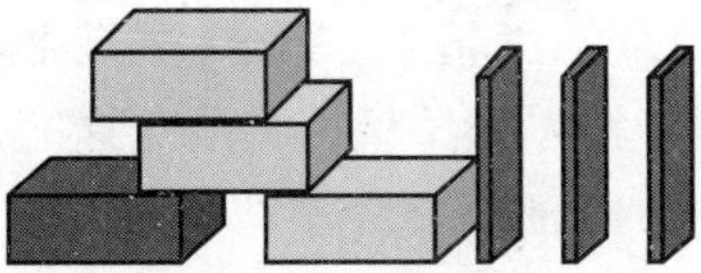

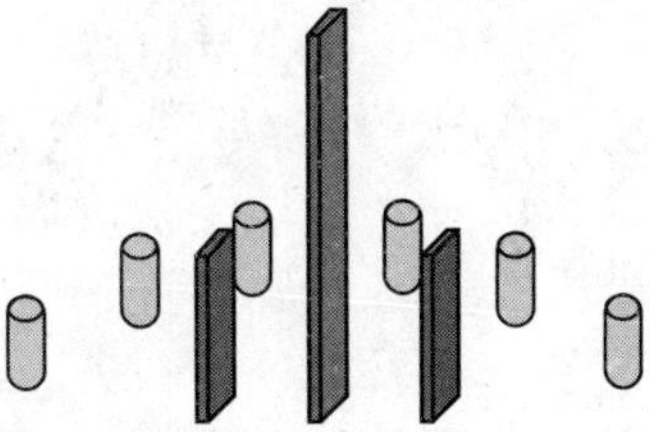

4. 全班同学评选出 3 ~5 幅较好的造型构图。

5. 在大操场、空地或草地上，将电脑设计的构图逐一摆设出来。

6. 选出最好的一组造型，在校园里摆设一段时间。

（注：① 可以经常设计，经常变换造型，使学生设计的、美丽的造型雕塑，成为学校的一幅亮丽的风景画。② 贴上设计者的名字，以鼓励学生的创造热情，拓展学生的设计潜能。③ 提高心理游戏组合式器材的日常利用率。）

感受分享

1. 得奖小组谈造型的寓意，谈设计过程体会，谈获奖的感想。

2. 同学谈设计过程的感受，分享活动的快乐。

教师讲评

1. 简述“创造力”、“潜力”开发的重要性。

2. 谈谈本游戏活动的目的和意义，将游戏活动变成学生的创意活动。

3. 鼓励同学们经常构想造型，不断创新设计，使游戏成为校园雕塑设计的活动，让造型变成学校一幅亮丽的风景画。

附录一　游戏解密

一、“孤岛逃生”游戏方法解密与说明

1. “逃生方法”

该游戏不但培养学生临危不惧、理智、沉着、勇敢的精神，而且培养学生团结、协作、配合的团队精神；不但锻炼学生的组织能力，而且锻炼学生的创造能力。

其“逃生”方法如下：

① 孤岛 1 的同学想办法送三位同学到孤岛 3。

过程是：将A号桥板伸向孤岛3，离孤岛3约1米时，用B号桥板横压住A号桥板的一端，成为T字形（像跳水运动的3米板），然后B号桥板上站4人，一位同学走上A号桥板，跳上孤岛3，另一位同学带上“滚筒”再走上A号桥板，跳上孤岛3；第三位同学带上尼龙绳走上A号桥板，将尼龙绳的一头捆紧A号桥板，另一头扔给孤岛3的同学，并跳上孤岛3。

② 孤岛2的同学想办法送三位同学到孤岛3。

方法同①（两个岛可同时进行）。

③ 想办法将两块A号桥板送到孤岛3。

过程是：孤岛3上的6位同学想办法，合力将两个A号桥板都逐一拉上孤岛3（尽量不让它掉进海里）。

④ 将孤岛1的剩下同学全部接到孤岛3。

过程是：孤岛3上的6位同学利用两块A号桥板，在孤岛1和孤岛3之间架桥。

架桥方法：将一块A号桥板伸向孤岛1，当桥板伸出一半左右时，孤岛上桥板的一端，站上4位同学（成为“压力点”）；另一位同学再将另一块A号桥板架上，并接通孤岛1，形成“桥梁”（如桥板太重，可用“滚筒”）。架桥完成后，孤岛1的剩下同学全部通过“桥梁”上到孤岛3。最后上孤岛3的同学，负责将另一块A号桥板收上岛。

⑤ 将孤岛2的剩下同学全部接到孤岛3。

与④的架桥方法相同（至此，全部同学都集中在孤岛3）。

⑥ 在孤岛3与陆地之间架桥。

与④的架桥方法相同。

⑦ 孤岛逃生。

过程是：架桥完毕，孤岛3的全体同学开始逃生（最后剩下4位“压力点”的同学时，要“重新架桥”）。

⑧ 重新架桥。

与④的架桥方法相同，但桥的“压力点”在陆地一方。4位“压力点”的同学最后离开孤岛，“逃生”胜利结束。

2. 说明

① 该游戏的目的不仅是培养学生自救、逃生的能力，更重要的是培养学生在生命受到严重威胁的危急时刻，能够团结一致，想方设法，具有团队协作的精神。

因此，游戏活动过程中，老师不要急于提示方法，或公开“逃生”方法，

而要让学生自己动脑筋、想办法。（如果提示，只能说：同学们要有自信，相信你们能想出办法，尽快脱离险境）

② 该游戏除上述“逃生方法”外，还有其他方法。同学们可以自行探索。

二、“海岛救生”游戏方法解密与说明

1. “救生方法”

① 该游戏设计的关键点：第一，只靠一个小组的行为，无论如何是无法营救同学的，最终只能是两个小组“合作”才能完成营救行动。第二，“比赛、嘉奖”是试金石，考验学生：当同学生命受到威胁时，是“救人”还是“拿奖”。

② 救人的方法：两组同学（连同工具）联合、合作，利用现有的工具架桥和救人。具体方法与“孤岛逃生”游戏中的架桥方法相同。

2. 说明

① 该游戏与“孤岛逃生”游戏相比，有其不同点：

首先，“孤岛逃生”游戏的宗旨是合作、自救，有“逃生”的本能危机感和求生反应；“海岛救生”游戏是合作、救人，没有本能危机反应，只有道德行为反应。

其次，该游戏有意将合作、救生、比赛、嘉奖等要素混在一起，构成内容、性质较为复杂的游戏。

② 该游戏不是一般的娱乐游戏，而是心理测试的游戏。游戏的目的，不仅考查学生合作、救生的应急行为能力，更重要的是考验学生的心理品质和道德行为——是否会为了所谓“比赛、获奖和荣誉”而忘却同学的友情、生命和救人的大义。

因此，老师在游戏活动的指导语中，要把岛上同学的“生命受到严重威胁”的情境充分渲染出来，让学生体验和感悟。同时，“比赛”、“嘉奖”也要讲出来，给学生错觉。但不要暗示“救人要紧”、“生命比获奖更重要”之类的话，让学生自行领悟。

附录二　心理游戏组合式器材介绍

室外、大型的心理游戏活动为学生提供心理体验、感受的活动情境和过程，它有助于学生的集体意识、协作意识、团队意识的建立，有助于学生的自信、意志、信任、勇敢等心理品质的形成，有助于班级良好人际氛围的营造，也有助于学生的沟通能力、适应能力、创造能力的培养。

心理游戏组合式器材是“心理体验游戏”的配套器材。每一套器材可配合完成一系列室外、大型的心理游戏活动（除本书所设计的20多个大型游戏活动外，教师可自行设计游戏活动）。心理游戏组合式器材的特点：一是可移动，能适合室外、大型的心理游戏活动；二是可组合，通过各种器材的组合，可满足多种形式的心理游戏活动；三是较轻便，有利于移动和组合；四是造型美，平时可将器材变成大型积木，设计和组合摆设成各种不同造型（让学生设计），成为学校不断变换的一幅亮丽的风景画（如下图）。

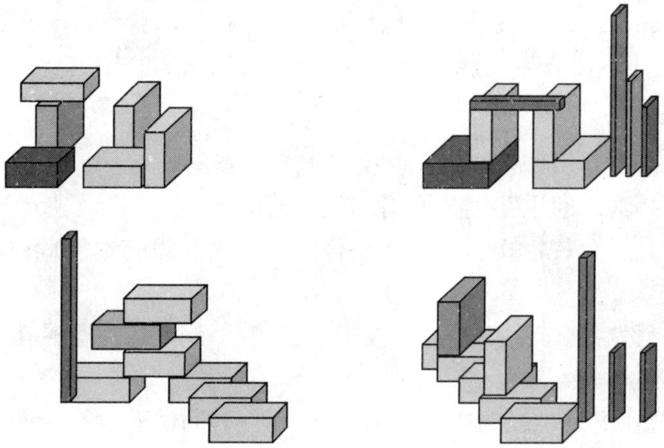

心理游戏组合式器材造型举例

心理游戏组合式器材配件包括：

（1）硬质塑料块：分红、蓝、绿、黄4种颜色；一共10多块；每个塑料块长、宽、高的规格：1×1×0.4米；每个塑料块能承载4个学生的重量。

（2）桥板：

A号板：长、宽、高为3.0×0.35×0.04米，3块，每块能承载3个学生的重量。

B号板：长、宽、高为1.5×0.35×0.04米，3块，每块能承载2个学生的重量。

C号板：长、宽、高为0.5×0.25×0.03米，6块，每块能承载2个学生的重量。

（3）滚筒：长0.35米，直径0.12米左右，2个。

(4) 木柱条：长、宽、高为 $3.0\times0.1\times0.1$ 米，4 根（可用直径 12 厘米的铁质水管代替）。每根能承载 8 个学生的重量。

(5) 录音带：

音乐Ⅰ：狂风暴雨声、雷电声、河水拍岸声，10 分钟；

音乐Ⅱ：海风声、海浪声、下雨声、雷电声，10 分钟；

音乐Ⅲ：深夜静悄悄、轻风吹叶声、虫鸣声，10 分钟；

音乐Ⅳ：战斗场面，机关枪声、爆炸声、喊杀声，10 分钟。

音乐Ⅴ：猪八戒背新娘音乐等。

(6) 其他：跳高架子 2 个，高 1.5 米；尼龙绳若干条，长 10 ~ 25 米，尼龙绳长短、粗细不等；手提喇叭 1 个；秒表（或钟表）1 个。

附录三 几点说明

(1) 室外大型游戏活动，适合全班同学一起参与活动，学生相当喜爱。它是作者专门为学生设计出来的游戏，除上面列出的心理游戏外，学校心理教师还可以利用“组合式器材”，自行创意和设计出更多适合本校学生的游戏。

(2) 室外大型游戏活动有助于团队建立。如受条件限制，学校没有“组合式器材”，心理教师要想办法，可以用其他材料、器材（如课桌、油桶、木箱、铁柜、木板等）来代替，以保证游戏活动的进行。

(3) 室外大型游戏活动教育意义的大小，在于学生的活动体验和感受。故上面的心理游戏，特意设计了“感受分享”“教师讲评”等环节。因此，心理教师要把握好这些活动环节的分寸，要做到既不能“为了活动而活动”，缺乏教育意义，也不能花太多时间谈感想，使学生感到枯燥无味。

(4) 室外大型游戏活动有一定的危险性，要做到安全第一、万无一失。游戏活动前，老师要对活动场地、器材等作安全检查，并对学生进行安全教育；游戏活动中，老师要加强对学生的安全保护。

第二部分 教学互动游戏

1 乐在其中

教育目的

体验失败，乐在其中；虽然失败，志在参与。

游戏人数

全班同学参加，面对面排成两行，并站在直线边上。

游戏规则

1．下蹲，向前跳跃。

2．跳跃时，双手必须紧握脚后跟，不能放松，不能滚动、移动或倒下。

3．向前跳跃超过50 厘米者一等奖；超过40 厘米者二等奖；超过30 厘米者三等奖；违规者原地做俯卧撑5 个。

游戏过程

1．在地面上画两条平行直线，两条直线距离2 米。

2．两队同学站在直线边上。

3．老师宣讲游戏规则。

4．老师喊口令：全体蹲下！双手分别紧握脚后跟。

预备……跳！（学生基本无法跳跃）

5．（假装认真地说）刚才个别同学提前起跳，个别同学双手没有握紧脚后跟，重新再来一次，全体蹲下！双手分别紧握脚后跟。预备……跳！

教师讲评

1．同学们，这个跳跃动作，有可能完成吗？

可以告诉大家，没有经过特殊训练的人，几乎无法完成这个跳跃动作。

2. 无法完成的游戏，老师为何要大家参与？其目的是什么？

游戏的意义在于：让大家体验失败，人的一生不可能事事顺利、事事成功，有可能遇到挫折或失败。失败不要紧，关键是如何对待失败。请大家记住：吃一堑长一智，体验失败，乐在其中；虽然失败，志在参与。

2 心灵相通

游戏人数

游戏人数2人，最好1男生1女生，为1对（也可以几对选手，同时做游戏）。

助手1~2人。

游戏器材

1. 预先准备好白纸（如A4纸）8~12页，每张白纸上写上一个成语。（有几对选手就准备几份材料）

2. 选四字成语。如：一针见血、三心二意、龙飞凤舞、狗急跳墙、猛虎下山、暗送秋波、昂首阔步、掩耳盗铃、海阔天空。

游戏规则

（教师讲解游戏规则）

1. 男生先看白纸上的成语，再用形体语言、动作表演，将成语的词义或意思表达出来，女生看男生表演后，猜出这个成语（每个成语最多只能猜4次），猜中一个成语得1分。

2. 女生只能看男生表演，不能看成语。

3. 男生表演时，只准做动作，不准出声。

4. 女生如连续3个成语猜不出来或猜不对，遭淘汰（换另一个女生）。

5. 其他同学不准提示。

游戏过程

1. 教师请第一对选手，女生面对墙壁站立。助手打开白纸，展示成语给男生和全体同学看。

2. 男生表演，女生边看表演边猜成语。（记分）

3. 第一对同学表演完毕。第二对、第三对……依序进行。

4. 教师宣布获胜者，并颁发奖品。

注意事项

1. 每组成语不能相同、重复出现。
2. 每组成语难度、个数相同。
3. 成语展示的顺序要先难后易。

3 理解误差

教育目的

1. 通过游戏，使学生了解到日常沟通过程中存在理解误差现象。
2. 通过游戏，使同学们认识到沟通技巧学习的重要性。

游戏人数

1. 擅长表演、逗笑的学生8人（最好是4男4女）。
2. 老师当主持人，另一位学生当助手。

游戏过程

1. 8位同学到讲台来，助手先表演一套动作给第一位同学看（表演动作寓意：猪八戒背老婆过河，要求动作逼真，动作有3个要素：猪八戒、背老婆、过河）。

2. 老师讲游戏规则：

（1）第一位学生根据自己对助手动作的理解，把动作再表演一次给第二位同学看；第二位同学再表演给第三位同学看……依次表演，直至第八位同学表演结束。

（2）表演过程中，表演者只做动作，不得出声。

（3）8位同学之间不得交流动作表演的寓意。

3. 表演开始：第一位至第八位同学依次模仿表演。

4. 表演结束后，老师给每人发一张纸片、一支笔，要求8位同学将刚才看到的、自己理解的、自己的动作表演的内容写出来。

5. 老师先问第八位同学：你刚才理解第七位同学的动作即自己表演动作的寓意是什么（同学回答），再问第七位、第六位……第一位。最后再问助手表演动作的寓意是什么。

教师讲评

1. 为什么刚才众人的表演寓意会相差这么大？

2. 在日常交往中，沟通不足经常会出现错误理解、误差理解对方的意思，导致意见、行动不统一、不协调，这是理解误差或沟通失真现象。

3. 此游戏活动的教育意义就在于此，所以，要加强交往、沟通技能的学习。

注意事项

1. 助手表演动作给第一位同学看时，其他同学须面墙站立；第一位表演给第二位看时，其他选手仍须面墙站立；直到最后一位。

2. 每个人的动作只准表演一次，不得重复。

4　抛球戏水

教育目的

1. 通过游戏活动，享受气球爆炸、淋湿身体的快乐，从而活跃班级气氛，使班集体更具活力、更团结互助。

2. 通过游戏活动，让同学们在嬉戏中学会灵活对抗，又在对抗中建立友谊，培养团队精神。

游戏条件

1. 全班同学参加，一二一二报数，随机组合，每两人一组。

2. 小气球一批。每个小气球装水大约一升，然后吹上一点空气，使它处于半充气状态，并扎紧充气口。

游戏规则

1. 双方不能站在线内，保持一定距离。

2. 不主动接气球、抛球不准确，致使气球落地者，违规，扣2分。

3. 接到气球又没淋湿自己的，得2分，最后只剩下一个完整气球者，获胜，加2分。

游戏过程

1. 同学按报数结果，面对面站立，形成两排，相距2米（地上画线或放尼龙绳），两两相对成对抗搭档。

2. 给第一排的同学每人发一个装水的气球。

3. 老师喊口令，要求第一排的同学将气球抛给自己的搭档，保证对方能够接到。

4. 接气球的同学，又将气球抛给对方。往返重复，直至全班同学的气球几乎全部破裂。

5. 再发一次气球，两排同学之间的距离增加到2.5米。重复以上游戏步骤。

感受分享

1. 哪对搭档投球、接球最好？抛球戏水活动，感觉如何？

2. 嬉戏活动过后，有何体会？是否感到身心放松？

注意事项

1. 该游戏适合课室外活动，最好在草地上。

2. 该活动适合炎热天气，寒冷和刮风天气不宜活动。

3. 建议活动结束时，搭档相互拥抱，共享游戏快乐。

5　智取乒乓球

教育目的

1. 让学生在游戏活动中开发智力，挖掘潜力，发挥想象力和创造力。

2. 通过活动，使学生在遇到困难和问题时，动脑筋、想办法，多角度思考问题，培养学生的思维方式。

3. 使学生认识到，遇到困难和挫折时，要靠集体力量、群策群力；使学生体会人心齐、泰山移的团队力量。

游戏人数

全班同学参加，分成若干组，每组 7 ~ 8 人。

每组同学围坐在桌子旁边。

游戏器材

1. 课桌、凳子若干张。
2. 每组桌子上面放 1 个实验室的玻璃量筒，高约 30 厘米，直径 4 厘米左右。
3. 玻璃量筒里装 1 个乒乓球。
4. 每组 1 支笔、1 张小纸片。

游戏规则

1. 想办法将玻璃量筒里的乒乓球取出来。
2. 取球方法，不能将液体倒进玻璃量筒里。
3. 取球过程，不能将玻璃量筒打烂后取球。
4. 每个小组想出 3 个以上的取球办法，写在纸上，看哪个组想的办法多。

游戏过程

1. 同学分若干小组，围坐在课桌旁。
2. 老师宣布游戏规则。
3. 各小组讨论，想取球办法，将办法写在纸上。
4. 各小组派一位代表，大声宣读本组的取球办法。

教师讲评

今天我们可谓“智取乒乓球”。这个游戏说明一个道理，只要动脑筋、想办法，开发智力，挖掘潜力，发挥想象力和创造力，无论遇到什么困难和挫折都能解决。也说明一个道理：要多角度思考问题，要改变习惯的思维方式。

今天还有一个简单办法大家都没想到（一边说，一边拿起玻璃量筒将乒乓球倒出来）。其实，这是最简单的办法，且不违反游戏规则，大家没有想到说明大家审题、分析问题不够认真细心。其实，这又说明了一个道理，不能将简单的问题复杂化。

6　传圆球

教育目的

1. 通过活动，培养学生的创造力和思维方式。

2. 通过活动，培养学生勇于创新，勇于突破，敢于冲破条条框框，敢于挑战自我、超越自己的精神。

3. 通过活动，使学生认识到发挥团队智慧，集合团队创意，团队通力合作的意义。

游戏条件

全班同学分成3组，每个小组约20人；助手1~2人。

每个小组配有1、2、3号球，最好是不同颜色的球。

游戏规则

1. 将1、2、3号球按顺序从第一位同学手里发出，全组同学一一传球，最后3号球回到第一位同学手里。计时，所需时间最少的小组获胜。

2. 传球过程中，每个同学都必须触及球。

3. 球如果掉在地上，掉一次多加10秒钟。

游戏过程

1. 小组讨论，制订传球方法、计划。

2. 各小组同时开始玩游戏（分别记录下3组的时间，如22秒、29秒和35秒）。

3. 老师：大家想办法，配合好，怎样才能将球传得再快一些？各组重新比赛一次。（分别记录3组的时间，可能缩短时间，如15秒、18秒和28秒）

4. 老师：请大家动脑筋，要敢于冲破条条框框，要改变思路，勇于挑战。这个游戏的最好成绩记录是10秒以下。我们有没有更好的办法，打破这个纪录呢？

5. 老师指导：同学们面对面排成两行，两手并列，构成圆筒状，形成从高到低的滑槽，让三个球分别从上面滑下（所用时间大约仅为 6～8 秒）。

感受分享

1. 为什么传球速度提高了这么多?
2. 通过游戏活动，有何体会、感受?

教师讲评

同学们玩得很开心。这个游戏给我们一个启示：做什么事，往往有一种思维定式、心理定式。一般来说，这个游戏开头，大家会不约而同地围成 3 个圈，一人接一人地传球。但不因循守旧，敢于改变思维方式，速度效率马上提高了几倍，简直不可思议。这个游戏告诉我们一个道理：做任何事，要勇于创新，勇于突破，要敢于冲破条条框框，敢于挑战自我，超越自己，就能创造出奇迹。当然，做任何事情都要发挥团队智慧，集合团队创意，都要靠团队的合力和配合，才能顺利成功。

7　传递失真

教育目的

通过游戏，使同学们了解信息传递过程中的失真现象，从而提高审慎、判断能力，做到不轻信假信息，不传递假信息。

游戏人数

室外活动，参与游戏同学 15～20 人，坐成一排。

其他同学观看游戏过程，看看游戏的结果。

游戏过程

1. 事先准备一张小纸片，上面写着信息：你妈妈打电话给我，叫我转告你打电话给她的同事张老师，叫她马上打电话给你妈。

2. 队列前的同学甲拿着纸片，对着右边同学乙大声地读信息。这时同学乙右边参加游戏的同学，全部双手遮盖耳朵，听不到。

3. 同学乙将听到（不能看纸片）的信息，转告给右边同学丙，这时同学丙右边参加游戏的同学，全部双手遮盖耳朵，听不到。

4. 同学丙将听到（不能看纸片）的信息，转告给右边同学丁，这时同学丁右边参加游戏的同学，全部双手遮盖耳朵，听不到。

5. 依此顺序，将信息转传下去，一直传到最后一位同学。

6. 最后一位同学复述一下听到的信息。同学甲再读一遍信息。看看游戏的结果。

教师讲评

这个游戏说明，信息在传递的过程中会有失真的过程和现象。它告诉我们，在日常生活中，无论你听到什么消息，都要判断它的真实性、可信性，千万不要以讹传讹，成为假信息的代言人和传声筒，造成不良的后果。

注意事项

该游戏也可以在室内活动，学生坐在课室座位上，从第一排左边同学开始，依次传递信息到第二排、第三排。

信息内容可依据学生年龄特点，重新编写。

8　织网比赛

教育目的

1. 让同学们学会做集体项目的计划，学会统一指挥和行动听指挥，学会集体行动、配合完成项目。

2. 通过活动，让同学们体会集体统一行动的重要性，感受团队合作精神的意义。

游戏条件

全班分组，每组 20 人，另 1 人为指挥。

每组 10 条绳子，每条绳子长 5 米。

游戏规则

1. 织网要求：网必须每一目都上下交织，每一目规格为 1 米 ×1 米左右。

2. 同学20人集体织网，将10条绳子编织成网。1人指挥。

3. 织网过程中，两人拉一条绳子，各拉一头，绳子不能离手或掉在地上，否则违规。

4. 比赛计时，获胜者可给小奖品。

游戏过程

1. 分组讨论5分钟：做计划，研究编织顺序、步骤，推选出指挥。

2. 分发绳子，站好队。

3. 老师宣布开始，同学们开始织网。计时开始。

4. 评奖、发奖品。

教师讲评

本游戏的关键点：计划、指挥、统一行动。目的是让同学们学会做集体项目的计划，学会统一指挥和行动听指挥，学会集体行动、配合完成项目。通过活动，让同学们体会集体统一行动的重要性，感受团队合作精神的意义。

9 思维拓展

教育目的

这是脑力拓展训练游戏，培养学生的空间感、思维想象力。

游戏过程1

1. 老师在小塑料板上，事先将12根火柴枝摆成一个“田”字（见图1，最好将图例用多媒体投影出来）。

2. 请你任意移动3根，摆在其他地方，形成一个“品”字（只能拿出3根）。

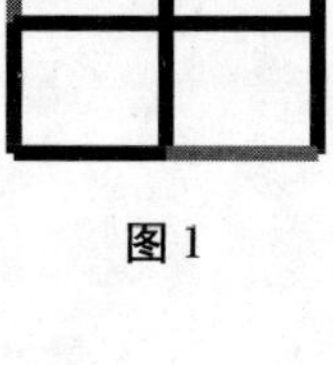

图1

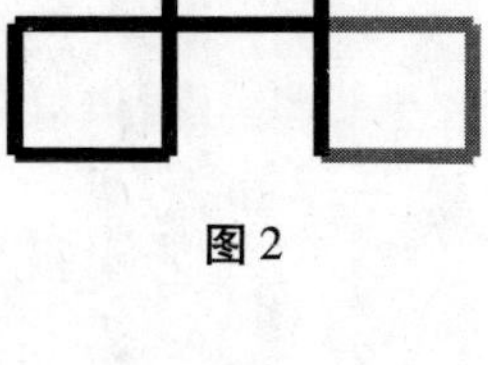

图2

3. 学生动脑筋，开始试着摆。(最后，如果学生想不出来，老师给予指导。见图2)

游戏过程2

1. 老师在小塑料板上，事先将24根火柴枝摆成“田”、“禾”、“田”3个字（横笔画用1根火柴，竖笔画用2根火柴。见图3)

图3

2. 老师：你能任意移动4根，摆在其他地方，形成一个“一日千里”的成语吗？

3. 学生动脑筋，开始试着摆。(最后，如果学生想不出来，老师给予指导。见图4)

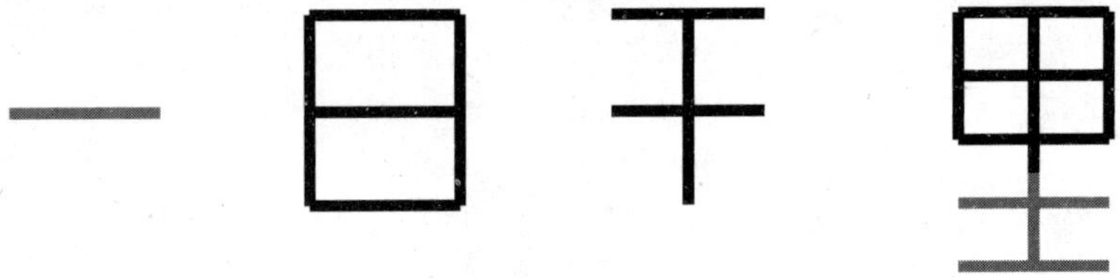

图4

教师讲评

这是一个脑力拓展锻炼游戏，主要培养同学们的空间感、思维想象力。目的是希望同学们通过这次脑力游戏，多动脑筋，锻炼思维能力。

10 模仿家长

教育目的

培养学生角色扮演、模仿表演的能力。

通过角色扮演、模仿家长表演，让学生体会、理解家长教育孩子的一片苦心。

在模仿娱乐之中，培养爱戴父母、感恩父母、孝敬父母的品质。

游戏过程

1．模仿要求：

模仿对象：模仿自己的爸爸妈妈或爷爷奶奶。

模仿内容：家长如何耐心、不厌其烦地劝说孩子专心学习，认真完成作业；希望要有真实的情节。

模仿形式：模仿家长的语言、口气、面相、动作、神态、心情、情节，也可以一人扮演家长和自己两个角色。

2．学生回忆家长如何劝说自己学习，然后将回忆的情节写在纸上。

3．选几位同学到讲台上来进行模仿表演。看谁模仿得最真切、最惟妙惟肖、最能表达父母望子成龙之心。

11 学会劝说

教育目的

学会理解别人，了解别人的心情，捉摸别人的想法；学会动脑筋，用智慧劝说别人。

游戏过程

1．选一位同学到讲台上来。老师给他一张纸条，写着一句话。如：父母不让我参加旅游（因考试不及格或因受到老师批评）。

2. 该同学当着全班同学，按照纸条上写的话，用动作将心里的郁闷表演一遍，然后坐在凳子上很冷漠，不开口，不吭声，无表情，无动作。

3. 老师：他有心事，心情不好，很郁闷，且冷漠。同学们要想方设法劝说他，要看看他心里想什么或需要什么，想办法让他开口说话，发出笑声，高高兴兴回到自己的座位上。

4. 同学们通过他的表演，猜想他心里的问题，然后轮流上台来劝说（如果同学们说中他心中的郁闷，即纸上写的话，他则高兴地说：问题解决啦。如果老是说不中，老师则给予适当提示）。

5. 另一个同学扮演，继续劝说。

注意事项

1. 本游戏有两个关键环节：一是学生如何理解纸上的话并如实表演出来；二是写的话要能够表演，并且是学生身边可能发生的事，难度不能太大，因此要求教师要精心设计。

2. 设计时，可多设计几句话，从易到难，分开写在纸片上，让几位同学来扮演。

12 学会道歉

教育目的

1. 了解道歉的意义，学会道歉的方法。

2. 增进友好，赢得人缘，促进良好的人际关系。

游戏过程

1. 老师自问自答：为什么要向别人道歉，做了对不起同学的事或说了对不起同学的话，要主动道歉。勇于道歉，是有风度的表现。

2. 老师提问：如何向同学道歉？（内心要真挚，态度要诚恳，语言要平和恰当，机会要适当）

3. 老师：同学们想一想，最近是否有做对不起同学的事或说了对不起同学的话。请自愿上讲台来，向同学道歉。

4. 由3～5位同学轮流“学道歉”。老师予以指导。

教师讲评

恰当的道歉是一种有效的沟通，它能化解矛盾、冰释前嫌，弥补有裂痕的人际关系，增进同学之间的情感友谊，赢得良好人缘和评价。道歉方式有：书面道歉，如写信；礼物道歉，如送一束鲜花；体语道歉，如立正鞠躬；语言道歉，即当面用语言道歉。同学们要勇于道歉、学会道歉。

注意事项

本游戏活动，关键是勇于道歉、学会道歉。因此，老师的提问、指导语，老师指导的道歉方法，这两个环节都要设计好。

13　行为哑剧

教育目的

1. 让同学找一找身边不文明的言语、行为，认识不文明言行的坏处。
2. 再现日常生活中令人讨厌的情节、场面，教育学生。
3. 在人际交往中不能忽视礼节、细节，让学生懂得“尊重他人就是尊重自己”的道理。

游戏过程

1. 全班同学分组讨论：哪些行为最让人讨厌？讨论后，确定一种行为，并选派一位同学准备上台表演。
2. 各组选派一位同学上台，用动作、肢体语言、表情来表演（不能说话）。每一位同学表演完毕，让其他同学猜一猜，刚才的表演表现的是什么行为。
3. 同学谈谈：看了表演后有何感想。

教师讲评

有些行为实在是令人讨厌。如：语言粗俗、唠唠叨叨、嬉皮笑脸、懒懒散散、喜怒无常、态度傲慢、自我炫耀、欺负同学、破坏公物等（可配合多媒体）。我们是学生，正在接受教育，要做“四有新人”，要时刻注意自己的言行举止，把握好自己的行为表现，做一个受欢迎的人。

注意事项

1．本游戏难度：选择表演的事项；同学的表演能力，老师要指导同学选择事项。

2．可事先挑选几位同学演练。

14 奇妙分组

教育目的

1．通过活动，培养学生的创造性思维及分析问题的能力。

2．通过活动，活跃课堂气氛。

游戏过程

1．老师挑出17名同学，排成一行。其他同学观看，并思考问题。

2．（讲两遍）现在进行一个“奇妙分组”游戏活动。请大家听清楚：17位同学分成3组，第一组人数，是17人的二分之一；第二组人数，是17人的三分之一；第三组人数，是17人的九分之一；每组人数要整数。请大家想办法进行分组。

3．学生想办法，看谁能够分组（第一组8.5人；第二组5.66人；第三组1.88人，都不是整数）。

4．老师：现在，我按照分组规则，将17人队伍分成3组，请大家看：

（1）我借用一位同学参加分组（再叫一位同学A站在队尾），现在队伍成为18人。

（2）第一组：18人的二分之一是9人（队前9位同学，后退一步）。

（3）第二组：18人的三分之一是6人（按顺序，另外6位同学后退一步）。

（4）第三组：18人的九分之一是2人（按顺序，另外2位同学后退一步，最后只剩下同学A）。

（5）大家看，我借用了同学A，最后17人分成三组，只剩下同学A，没有增加一个人。另外，我没有违反分组规则。

感受分享

1. 同学们思考，讨论，为什么？

2. 小结：有些事情，表面看起来是不可能，但经过深入思考，找出它的内在关系，想方设法，就有办法解决。

刚才题目给出的条件，表面上是无法分组。其实，17 的二分之一、三分之一和九分之一的得数，分别是 8.5、5.66 和 1.88，三个数字加起来是 16.04，还有 0.96 没有分，也即只分了 16 人，还有 1 个人没有分。这是题目本身埋下的陷阱。其实，按照四舍五入的办法，问题就解决了。

15 韩信点兵

教育目的

通过游戏活动，培养学生对数字、数学的兴趣。

通过游戏活动，培养学生爱动脑筋、勤于思考的习惯，培养学生的创造性思维能力。

游戏过程

1. 学生室外排成若干队（最好是 100 人以上，越多越好）。

2. 老师讲故事：古代有一位军事家，叫韩信，统领千军万马。有一次，他在操场点兵，如果按常规，要统计这大军总共有多少人，要花很长时间。于是，他用以下办法清点大军总人数，又快又准确。他用的是什么方法呢？下面我们演练一下。

（1）学生自由组合，每 3 人一组，从操场的东边走到操场西边，最后剩下 0 人，或 1 ~ 2 人，报上剩余人数后，剩余的人也走到西边。

（2）学生自由组合，每 5 人一组，又从操场的西边走到操场东边，最后剩下 0 人，或 1 ~ 4 人，报上剩余人数后，剩余的人也走到东边。

（3）学生自由组合，每 7 人一组，再从操场的东边走到操场西边，最后剩下 0 人，或 1 ~ 6 人，报上剩余人数后，剩余的人也走到西边。

3. 老师继续讲故事：大军走完以后，韩信立刻讲出全军总人数，数字准确无误。旁边众多谋士感到不解，问韩信是如何准确得知大军人数，韩信笑一笑，顺口念出四句：“三人同行古来稀，五树开花二十一，七子团圆正月半，一百零五求知几。”经他一解，谋士们顿悟，对韩信佩服得五体投地。

4. 老师：韩信是这样计算的。古来稀，即70；开花二十一，即21；正月半，即15；一百零五求知几，即加上或减去105的若干倍数。

例如，求563人：3人一组，余数是2，即 $70\times2=140$；5人一组，余数是3，即 $21\times3=63$；7人一组，余数是3，即 $15\times3=45$。将三个加起来 $140+63+45=248$，然后，$248+(105\times3)=563$。

又如，求206人：3人一组，余数是2，即 $70\times2=140$；5人一组，余数是1，即 $21\times1=21$；7人一组，余数是3，即 $15\times3=45$。将三个加起来 $140+21+45=206$。

再如求210人或315人，余数都是0，则105的2倍是210，而105的3倍是315。

教师讲评

数字是一个神秘的海洋，数字之间的关系更是错综复杂。本次游戏的目的，主要是培养学生对数字、数学的兴趣。

16 穿针引线

教育目的

1. 健身活动，活跃气氛，体验快乐。
2. 培养学生的反应能力和组织能力，培养学生的团队协作精神。

游戏条件

1. 全班同学分成5组，每组约10～13人（各组男女同学均等），站在起跑线上。
2. 场地：地上画上起跑线和终点线，距离约10～15米；场地可以容纳5组同学同时跑步比赛。
3. 缝衣服的普通线条若干、奖品若干。

游戏过程

1. 5组同学排成纵队，同时站在起跑线上。

2. 将同一线条结紧于同组的每一个同学的左手，同学与同学之间的线条距离不得超过0.8米（老师检查）。

3. 完成后，各组跑步比赛。老师喊口令：开始！各组同时跑向终点。如中途线断，可以停下来，接好线，然后继续跑。按组计时。

4. 评判：到终点后，线断开的，算违规，不参与评分；线未断开的，参与计时、评分。

5. 活动反复3次，累计总分，总分高者得奖。

教师讲评

1. 帮助同学找出胜利或失败的原因。

2. 让同学体会团队协作和统一指挥的重要性。

17 白面书生

教育目的

1. 通过趣味接力比赛游戏，让学生达到锻炼身体的目的。

2. 通过游戏活动，让学生体验班集体的温暖，培养集体凝聚力。

游戏条件

1. 场地可容纳全班同学“接力比赛”，地上画有起跑线、终点线，距离10～12米。

2. 终点线边，每组摆一学生课桌，课桌上放一塑料脸盆，盆里装着足够的糖果，糖果上铺盖一层厚约3厘米的白面粉。

3. 计时器。

游戏过程

1. 全班同学分成3组，每组约20人（各组人数相等，各组男女同学均等）。

2. 3组人员站在起跑线一端，以接力的方式，第一位同学从起跑线跑到终点线，用嘴咬起面粉内的一颗糖果后，再迅速跑回到起点。第二位同学继续开始，以此类推，直至全组同学都跑完为止。

3. 同学只能用嘴咬起面粉内的糖果，不得用手抓；每位同学必须至少咬到一颗糖果，否则算违规（违规一次，扣该组人均速度的成绩一次）。

4. 老师喊口令，游戏活动比赛开始。计时，未违规且先完成者获胜。

感受分享

各组讨论：通过游戏活动，体验到什么？对跑得慢或违规的同学，你的态度如何？老师正确引导。

注意事项

1. 用嘴咬糖果时，最好闭上眼睛，不能笑，防止面粉被风吹进眼睛或鼻孔。

2. 该游戏可改为“双向接力”，每组同学分为两边，分别站在起跑线、终点线上，进行“双向接力”。但道具要增加一倍。

18　排雷前进

教育目的

1. 通过游戏活动，锻炼学生机智、机警、勇敢的意志力和大无畏精神。

2. 通过游戏活动，让学生体验军事活动，增强国防意识。

3. 通过游戏活动，培养学生的集体观念、合作观念。

游戏条件

1. 场地足够大，至少能容纳 40 人活动。

2. 场地两边画上两条直线，一边是红军阵地，另一边是蓝军阵地，中间是雷区、战区。

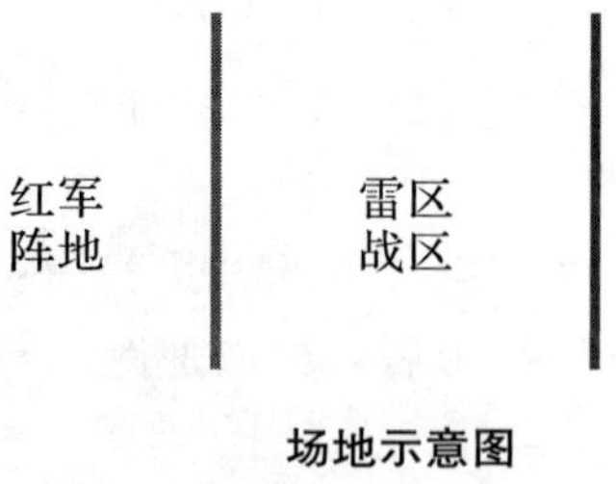

场地示意图

3．红军、蓝军队员每人一条丝带（分红、蓝两色），分别绑在手臂上，以作标记。

4．足够的眼罩或能蒙住眼睛的黑布条若干。

游戏过程

1．分红军、蓝军两队，每队不少于20人，两队学生分别戴上不同颜色的丝带。两队各派3位学生不戴眼罩，站在场外，作为指挥员。

2．红军队员作为进攻一方，先戴上眼罩或用布蒙住眼睛，每人扮一部“坦克车”；蓝军队员作为防守一方，担任“地雷”，在战区中布雷：队员任意、不规则、固定地站立在雷区中（不能移动、伸手）。

3．战斗开始，红军队员越过阵地，进入雷区，不能站着不动，只能不停地前进，目标是进入蓝军阵地；3个指挥员以喊声指引坦克车前进，如：×××前进、后退、左拐两步、右拐两步、前进。红军队员避免触及地雷，逐步前进。一位队员进入对方阵地，计一分（队员留在对方阵地上）。

4．红军队员触及地雷后（碰到对方身体的任何部位），将眼罩给予对方，自己原地站立，变成“地雷”；“地雷”爆炸的蓝军队员，回到蓝军阵地，每人扮演一部“坦克车”，越过阵地，进入雷区，听从蓝军指挥，目标是进入红军阵地。

5．担任地雷者，可发出各种错误的声音，引诱坦克车触及地雷。

6．如果队员碰上自己的“地雷”或“坦克车”，则两人回到自己阵地，均扮演“坦克车”进入阵地，继续参加战斗；如果“坦克车”碰上对方“坦克车”，则各自回到自己阵地，均继续扮演“坦克车”进入阵地，参加战斗。

7．老师担任裁判。激战40分钟左右，战斗结束。最后，以抵达对方目标阵地的人数之多寡决定胜败。

（注：如有时间，双方改变攻、防角色，重新开始。）

感受分享

1．分红军、蓝军讨论：谈战斗组织过程、情况；谈活动的体验和收获。

2．教师小结：谈同学们的表现和活动情况；谈活动目的是否达到，引导学生正确体验。

19　智抓特务

教育目的

1．娱乐活动，活跃氛围。

2．培养学生记忆、机智、胆大、心细等素质。

3．培养学生的警惕性，增强国防意识。

游戏条件

1．室外或室内，足够全班同学活动。

2．卡片若干，按要求印上数字号码。

游戏过程

1．全班学生排队。报数，分成两组，每组不少于20人。

2．老师随机向全班同学每人发一张卡片。卡片上印上号码。如A组：A001、A002……B组：B001、B002……两组卡片数量均等。

3．起初，同学之间都不知别人的号码，分不清敌我。

4．老师宣布：班里有两个阵营，分别为红军A、蓝军B，有两个“特务”，分别是A007、B007。两军的任务是抓到对方的“特务”，但“特务”经过特殊训练，武功高强，需要5个人一起才能抓住他。因此，第一，必须尽快发现对方谁是“特务”。第二，尽快找到自己队友5人，一起去抓“特务”。

5．老师宣布游戏开始后，全班同学马上找“特务”和队友：同学两人相遇，只能用“石头、剪刀、布”的方式对“暗号”，其他话不能说。

6．两个同学对“暗号”后，输的同学亮出卡片号码（如果是敌人，则各自走开，继续“对暗号”；如果是队友，赢的同学也亮出卡片号码，且互相记住；如果发现对方“特务”，则马上联络5个队友，一起去抓“特务”）。

7．联络5个队友时和队员见面时，都不得说话，只能用动作表示。否则，老师可以随时宣布：对方007不是“特务”，另外新号码00×才是“特务”，必须重新再找“特务”。

8．先抓到“特务”的小组获胜。

感受分享

1. 学生谈体会：如何尽快、机警地抓到“特务”？

2. 老师总结：该活动的意义，活动的目的是否达到。如何改进该游戏活动，例如，怎样保护自己队伍中的“特务”。

20 抓俘虏

教育目的

活跃气氛，锻炼学生抓住和概括事物特点的能力，增进同学间的相互了解。

游戏器材

不透明的幕布一条（长约2米，高1.5米左右）。

游戏过程

1. 参加的学生分成两组，每组大约10人。两位学生当助理。

2. 助理学生手拿幕布，将两边组员隔开，学生蹲下。

3. 两边组员各派一位代表，走到幕布跟前，背对背蹲下。

4. 游戏开始，教师喊一、二、三后，助理放下幕布，代表站立。两位代表依据组内学生提示（不可说出姓名），说出对方代表名字。

5. 以先说出对方代表之姓名者为胜，失败者成为对方代表俘虏，站在一边，不能参加下面的活动。

6. 游戏进行至其中一组被抓俘虏人数先达到6人，即停止。

注意事项

1. 本游戏不适用于同学之间不熟悉的班级。

2. 组员提示，可以说出对方代表的轮廓、体型、特征、爱好等，不能用谐音说出对方代表名字。

21　东风吹，西风吹

教育目的

1．活跃班级气氛，搞笑逗乐。
2．锻炼学生的机敏、灵活反应，培养团队精神。

游戏器材

每人一张小凳子。

游戏过程

1．所有同学围成一个圆圈，坐在小凳子上。

2．先由班长站在圆圈中间（没有凳子和位子），大声说：“东风吹！”周围同学问：“吹到什么?”如果班长说“吹到穿牛仔裤的人”，则所有穿牛仔裤的学生，连同班长一起，就必须离开座位，到对面重新寻找位子。没有位子的学生就站到中间当“班长”，游戏继续进行。

3．如果班长说：“西风吹！”周围同学问：“吹到什么?”如果班长说“吹到女同学”，则所有男同学（反着进行）连同班长一起，就必须离开座位，到对面重新寻找位子。没有位子的学生就站到中间当“班长”，游戏继续进行。

4．游戏直到老师宣布结束时停止。

注意事项

1．找位子时，不能在身边找，必须“到座位的对面”找。
2．找位子时，要注意安全，提醒学生防止碰撞。

22　举手—反应

教育目的

培养学生的注意力、反应能力，活跃气氛。

游戏过程

1．学生坐在凳子上，或站立，两手相握，放在胸前。

2．老师讲话，学生按老师讲话的意思举手。比如：

老师说：举起左手——（学生迅速）举起左手
老师说：放下左手——（学生迅速）放下左手
老师说：不要放下左手——（学生迅速）举起左手
老师说：放下右手——（学生迅速）放下右手
老师说：不要不放下右手——（学生迅速）放下右手
老师说：不要不举起左手——（学生迅速）举起左手
老师说：我喊一声后两手放下——（学生迅速）不举手
老师说：举起左手——（学生迅速）举起左手
老师说：千万不要不举起左手——（学生迅速）举起左手
老师说：不要放下右手——（学生迅速）举起右手
老师说：不要不放下左手——（学生迅速）放下左手
老师说：千万不要不举起右手——（学生迅速）举起右手
老师说：放下右手——（学生迅速）放下右手
老师说：不要放下左手——（学生迅速）举起左手
老师说：千万不要不举起左手——（学生迅速）举起左手
老师说：不要不举起左手——（学生迅速）举起左手

3．游戏直至学生的注意力集中、气氛活跃为止。

感悟分享

做任何事，都要认真对待，要集中注意力，否则容易出差错。

23　不知道比什么

教育目的

1．搞笑逗乐，活跃气氛。

2．通过活动，培养学生应对突发事情的心理素质，适应事情变化的能力。教学生如何冷静应对突发事情。

游戏人数

人数：不限；每次比赛，各组均派出一人参加。

游戏适用范围：适合刚认识或不认识的人。

游戏过程

1. 全班同学分成若干组，每组成员 8 人以上。排队站立。

2. 老师宣布：今天有许多比赛，等一下宣布比什么。现在先猜一猜比什么，然后，每组派出一位你们认为会赢的人，站到前面来。

3. 等被派出的同学都站出来后，老师再说：“比赛题目是什么呢？就比……吧。”同学哗然。

4. 继续比赛。计算每次比赛的输赢情况。

5. 老师总结：同学们，这个游戏告诉我们：在生活中，常常会遇到许多意想不到的事情。碰到这些事情，我们如何应对？这个游戏就是要培养同学们应对突发事情的心理素质和适应事情变化的能力；教同学如何冷静地应对突发事情。

题目例子：

这个游戏的比赛题目：越不被同学猜中越有趣！

比长：比手臂、比上衣、比头发……

比短：比手指头、比裤子或裙子……

比高：比声调、比摸高、比手抬起来的高度……

比大：比眼睛、比手掌……

比多：比身上饰物、比穿的衣服、比身上的扣子……

（注意：题目必须在看到被派出的学生之前想好！题目要避免人身攻击，伤害学生的自尊心。）

24　蚕虫行

教育目的

培养学生的细心，培养学生的团队精神、合作能力。

游戏条件

场地能容纳活动。地上画有起跑线和终点线，相距约 12 米。

报纸。每人至少一张（报纸很容易撕破，多准备几张，以便更换）。

游戏过程

1．全班学生分成若干组，每组不少于 8 人，排成纵队，人与人前后相距约半米，并站在起跑线上。

2．首先，给每个参赛者发一张报纸，并要求参赛者在报纸的中央撕开一个洞，然后小心地把头套进洞里使报纸放在肩上（老师示范）。

3．然后，各自轻轻拿起身前报纸的两角，用手捏住前面同学肩后报纸的两角（用手捏紧）。

4．各组练习：通过捏纸把队伍连起来后，慢慢地向前行进，保持报纸不脱。练习完毕，站到起跑线边，准备参加比赛。

5．老师宣布游戏规则：比赛前，各组同学要蹲下，用手连接前面同学的报纸，当听到"开始"的口令后，各组蹲着前进（教师示范），未撕裂报纸并且先到达终点线的组获胜。

6．老师宣布：现在全体听口令，准备……开始！

7．各组比赛。

教师讲评

该游戏比赛，主要是培养大家的团队意识和合作精神。因此，要做到相互信任、鼓励、帮助、合作才能不撕裂报纸并到达目的地。今天大家的表现……

注意事项

游戏前，各组的报纸也可以事先粘贴在一起，形成一条长幅，并按人数、距离要求，事先在报纸上撕开洞口。

25 听题猜答

教育目的

1．活跃课堂气氛，调动学生的兴趣。

2. 培养学生联想、推理的能力，培养动脑筋、想办法的能力。

游戏条件

游戏场地：室内、课室。

参加人数：全班，按学生座位分成两组。

适用范围：初中、高中同学。

游戏道具：一张学生的桌子、两张凳子；两顶旅游帽；别针若干；卡片若干，写上题目答案。

题目：要有比较熟悉的题目，也要有一定难度的题目。每个题目必须有两个答案（如同一题目，多个答案，要挑选难度相近的答案，以示公平）。比如，孔子学生的名字（子路、颜回等）；汽车的种类有多少（跑车、轿车）；水浒中的水上好汉是谁（阮小二、阮小七）；有一海岛，离岸3千米，请问用什么方法可以到海岛去（“热气球”、“撑竹排”）。

游戏过程

1. 每组选派一位同学作代表，到讲台上来“回答问题”；代表戴上帽子，面对面而坐，中间放着一张桌子。

2. 老师宣布游戏的做法和规则。每对代表答题时间40～60秒；有3～5次的机会猜答案（看题目难度而定）；两个代表轮流回答，但每次必须先拍打一次放在中央的桌子。也可提问对方，但提问只能是是非问题，对方只回答“是”，或者“不是”，也可不回答。

3. 老师分别把同一题目的两张卡片答案，用别针分别捏在两人的头上。两人只能看到对方头上的答案，但不能看到自己头上的答案。

4. 老师宣布题目（如：有一海岛，离岸3千米，请问用什么方法可以到海岛去？卡片答案一是“热气球”，二是“撑竹排”），并说：现在猜答自己头上的答案，开始！

5. 二人依据老师的题目、对方头上的答案，猜想和抢答自己头上的答案（也可以向对方提问题，套一套对方）。

6. 先答对者，获胜。失败者做俯卧撑3个。

7. 再一轮抢答。两方各派不同的同学上来，猜不同的题目。

8. 以此类推，直到老师宣布游戏结束。

26 翻叶子

教育目的

通过活动，培养学生的团队合作精神。

游戏条件

场地：能容纳全班同学活动。

道具：两面不同颜色或花纹的塑胶布若干块，每块塑胶布面积4平方米。计时器若干个。

游戏过程

1. 全班同学分组，每组8人，多出来的同学当观众和裁判。
2. 每组参加游戏的同学都必须全部站在一块塑胶布上。
3. 老师宣布：同学们，我们每组的同学都站在河里的叶子上。现在请同学们想办法将脚下的叶子翻过来，看哪个组完成得最快最好。注意：在翻叶子的过程中，全组的人必须站在叶子上，不能掉下河里，也就是任何人的身体任何部分，只要碰触到地面，游戏就要从头开始。现在游戏——开始！（计时）
4. 各组“翻叶子”比赛。
5. 第二轮比赛：将塑胶布剪去0.5平方米，按照上面规则，重新比赛。
6. 第三轮比赛：再将塑胶布剪去0.5平方米，按照上面规则，重新比赛。

感受分享

1. 你觉得叶子像什么？是怎么做到“翻叶子”的？
2. 游戏过程中你有何感受？学到了什么？
3. 在生活中有无类似感受？

教师讲评

我们在生活和工作中常会遇到困难，需要合作才能克服。游戏活动让你感受到什么？

27 记忆考验

教育目的

锻炼学生的注意力和记忆能力。
活跃班级气氛。

游戏条件

全班参加，室内或室外均可。
一张大纸，上面打印食物名称若干（不少于20个，如滑蛋、干贝、牛肉汤、通心菜、萝卜……）。

游戏过程

1. 全部人围成一圈。老师：今天我们玩的游戏叫“记忆考验”，随着要记的东西越来越多，记忆越来越难。老师介绍游戏规则。
2. 第一阶段，第一个同学开始说，“今天我吃了一个AA”（AA为一食物名称）。
3. 右边的同学接着说，“今天我吃了一个BB”（BB为不同的食物名称）。
4. 右边的同学接着说，“今天我吃了一个CC”（不能与AA、BB相同）。
5. 以此类推，直至第15个人，老师叫暂停。随意请三个同学上来，讲出刚才谁吃什么东西（至少讲对5个人）。
6. 老师：现在游戏进入第二阶段，变换游戏规则。
7. 从第一个同学开始说，“今天我吃了一个AA”。
8. 右边的同学接着说，“今天我吃了一个AA，两个BB”。
9. 右边的同学接着说，“今天我吃了一个AA，两个BB，三个CC”。
10. 如此传接下去，每传到一个同学就必须重复前面的食物名称，另加一个新的食物名称。一直到有人中途讲错，出局。

28 交通要塞

教育目的

通过游戏活动，培养学生机灵反应，打造团队凝聚力。

游戏条件

全班同学分成人数相等的4个小组（多出的同学当工作人员），分别站在A、B、C、D四个路口边上。

计时器一个。

地面画上两条相互垂直交叉的交通要道。每条要道13格，每格勉强可以站两个人。如右图所示：

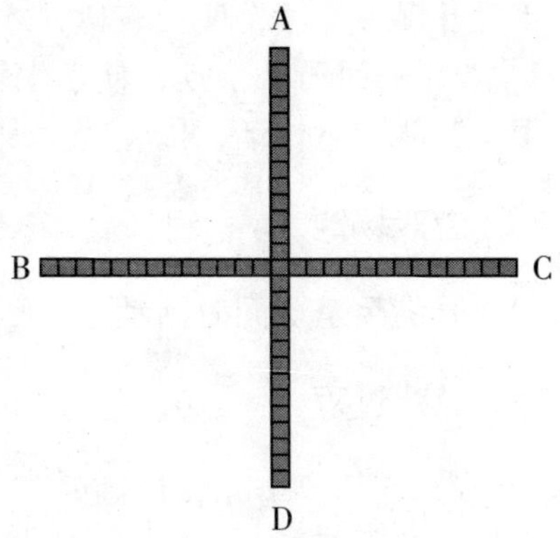

游戏过程

1. 四组学生同时出发，向着前方终点，直线前进（即A走向D，B走向C），只能前进，不能后退。

2. 学生每次前进只能向前移动一格。当两人对面相遇时，在同一方格内互换位置，不能踏出格外，否则算“出轨”。

3. 在交叉路口，四队要统筹安排。

4. 从老师口令“游戏开始”计时，直至最后一位同学到达终点为止，计所用时间。

5. 议论，总结经验。要求提高交通速度，再进行一次活动，再计所用时间。

教师讲评

1. 简述活动目的是否达到，评价活动过程。

2. 活动说明一个道理：无论做任何事，熟练、机灵、配合、协作就能提高效率。并举生活中的例子说明。

29 传话失真[①]

教育目的

1. 通过游戏活动，使学生领悟：听到的并不代表是正确的，要仔细听，正确并谨慎解读，明白表达，才不致产生误会。

2. 通过游戏活动，使学生领悟：传话存在失真现象。因此，在日常生活中，不能随意传话，以免产生误会，影响团结。

游戏场地

能满足全班同时活动。

游戏过程

1. 教师要事先设计好一句字音非常类似、较为绕口，又富有趣味的话，作为活动中要“相传”的“小秘密”。

2. 请全班学生排成3列纵队，前后站立。老师悄悄告诉站在最前面的3位学生同一个“小秘密”。

3. 3队同时开始传话。站在队列最前面的同学将听到的“小秘密”悄悄地向后传给第二位同学，第二位同学向后传给第三位同学。以此类推，直至将“小秘密”传到最后一位同学。传话过程中可以有肢体接触，但不可以让第三人听到传话内容。

4. 老师请站在最后的三位同学分别大声说出他们听到的“小秘密”。再请每队最前面的那位同学，大声向全班同学说出“小秘密”（原话）。

（注：站在最后的三位同学和站在最前面的三位同学，讲出来的话一定不一样，即失真。）

感受分享

1. 按原队列分组议论：传话为何会走样？

2. 教师总结：该游戏说明，传话存在失真现象，这是因为，第一，所传

① 原设计者为彰化师大辅谘系89级林素妃、沈玉培，作者略作修改。

的原话本身有一定难度；第二，传话者的表达准确性不够；第三，传话过程，听者对原话的理解和记忆存在误差。因此，传的人越多就越会走样。在日常生活中，我们要注意，不能随意传话，以免造成误会。

“小秘密”举例

1. 我叔叔叫我转告你姑姑，他去卖稻谷，顺便买蘑菇，路上出事故，住院看骨科。

2. 小姑姑吃着瓜子，带着锅子、钩子和鸽子，到铺子去卖锅子、钩子和鸽子。

3. 爸爸告诉妈妈，东边地里种地瓜，西边河岸种水果，河里再养鸭，富裕好生活。

30 醒狮戏金圈

教育目的

1. 通过活动，锻炼学生灵巧、灵活的动作。

2. 通过活动，培养学生的团队协作精神，营造班级和谐气氛，打造集体凝聚力。

游戏条件

场地：满足全班活动。

道具：呼啦圈若干、计时器若干、小奖品若干。

游戏过程

1. 全班同学分成人数相等的若干组（多出的同学当工作人员），每组同学不少于10人。各组独立进行活动，计时比赛。

2. 各组同学围圈站立，大家手牵着手，面向圆心。

3. 游戏开始前，老师发给每个组一个呼啦圈，将其放置在手牵着手的两位同学的手臂上。

4. 游戏规则：小组成员要通过沟通与合作，在手牵手的情况下（不脱手），把呼啦圈由顺时针或逆时针方向，穿过全体成员的身躯，最后将呼啦圈送回起点的位置。

5．第一轮比赛开始，各组比赛。计呼啦圈送回起点位置的时间。

6．第二轮比赛：增加难度和刺激性，可增加呼啦圈的数目（每组3个呼啦圈，分开放）；或缩小呼啦圈的直径。按照上面规则开始游戏并计时。

7．将两轮比赛时间相加，用时少者获胜，每人送一小奖品。

感受分享

1．一个呼啦圈在组内运转时，我的感受如何？多个呼啦圈在运转时，我的感受如何？

2．在集体的游戏活动过程中，我感受了什么？

3．当某位同学呼啦圈传不过来，或传的速度缓慢时，我们采取何种态度？

注意事项

1．参加活动的女生，不能穿裙子。

2．在呼啦圈运送过程中，不能用手直接传送呼啦圈。

31　你说—我做

教育目的

1．通过游戏活动，培养学生的观察、记忆、模仿、指挥、服从的能力。

2．通过游戏活动，缓解学生的学习压力，营造班级团队氛围。

游戏条件

场地：室内，有桌子和凳子。

道具：规格相同的“七彩积木”若干套。

人数：全班学生参加。

准备：游戏前，老师先用积木做好一个“标准模型”（事先不让学生看到）。

游戏过程

1．按座位，前后4人编为一组，将全班同学分成若干组。每组发给一套积木。

2. 各组根据自己的特点，分成“指导者”两人，“操作者”两人。

3. 老师先请每组的“操作者”暂时到教室外面等候（回避）。

4. 这时，老师拿出自己事先做好的“标准模型”，让“指导者”观看（不许拆开），记下模型的形态、样式。

5. 观看5分钟后，将“标准模型”收起、藏好，请“操作者”进入教室。

6. 每组的“指导者”将刚刚看到的标准模型描述给“操作者”，并具体指挥“操作者”搭建一个与老师的“标准模型”一模一样的造型作品（注：高中活动，“指导者”只详细描述看到的标准模型的形态、结构，不作具体指挥，让“操作者”自行搭建一个与老师的“标准模型”一模一样的造型作品。）

7. 各组搭建完毕，老师向全班学生展示标准模型。

8. 各组评议：用时少、模型逼真、出错率低者获胜。

9. “指导者”和“操作者”分别将自己的活动感受写在白纸上。

10. 老师请个别学生谈体会、感受：身为“指导者”，你体会到什么？身为“操作者”，你体会到什么？当看到自己的作品与标准模型不一样的时候，有什么感受？

教师讲评

1. 这个游戏的目的，是培养学生的观察、记忆、模仿、指挥、服从的能力，缓解学生的学习压力，营造班级团队氛围。

2. 这个游戏的难点是“指导者”如何观察、记忆、模仿、指挥（或描述）标准模型，“操作者”如何理解描述（或服从指挥），做出模型。

3. 在日常生活中，经常会遇到需要观察、记忆、模仿，甚至要指挥别人的事情。因此，要具备这方面的能力。

4. 在日常工作中，每个人都有可能充当“指导者”或被指挥的“操作者”，现在就应该培养自己的指挥能力和服从意识。

（说明：如果七彩积木的套数不够，可以全班分为两大组轮流进行活动，但老师要事先准备两个标准模型。）

32　挑战极限

教育目的

促进班级团队建设、促进创新思维、勇于挑战极限。

游戏条件

1. 场地：室外，能满足全班同学的活动。

2. 道具：准备绳子若干条，每条长度约 20 米（依人数而定）。剪刀两把。

3. 人数：全班分成若干组，每组 10 ~ 12 人。

4. 规则：

（1）活动的每一环节，学生的“脚”必须在绳圈之内，老师示范（注意：示范时，老师必须一边讲规则，一边双脚站在绳圈之内，绳圈套在腰间，以造成学生的错觉。）

（2）一个绳圈节点中可同时进入几个人。

游戏过程

1. 每组学生站成一圈，每组一条绳子。老师教“平结”的打法（注意：平结是一种绳子的活结打法，节点可以任意伸缩）。

2. 每条绳子至少要打上 6 个“平结”，每个平结就是一个节点；将打好的平结变成一个绳圈节点，放在地上。

3. 老师口令：每个绳圈节点至少要进一个人，现在队员进入节点。

4. 老师：“你们的脚在绳圈之内了吗？开始拉紧绳圈！”

5. 老师暗示：绳子很长，可以缩短。现在“开始换位”，全部学生离开原来的绳圈。

6. 老师说：每组减少 1 个绳圈节点，并剪去过长的绳子（约 2 米），现在队员重新进入节点（全组学生分别进入 5 个绳圈节点）。老师：“你们的脚在绳圈之内了吗？开始拉紧绳圈！”

7. 老师暗示：挑战极限，再缩短绳子。现在“开始换位”，全部学生离开原来的绳圈。

8．老师说：每组减少2个绳圈节点，并剪去过长的绳子（约3～4米），现在队员重新进入节点（全组学生分别进入3个绳圈节点）。老师："你们的脚在绳圈之内了吗？开始拉紧绳圈！"

9．以此类推，直至最后剩下1个绳圈，全组学生进入1个绳圈之内。老师说："拉紧绳圈，挑战极限！"

10．老师："大家有没有信心挑战极限？"（同学们紧紧挤在一起，不断缩小圆圈，并剪去多余的绳子。）

11．各小组量一量绳子的长度，看一看哪个组的绳子最短。

12．老师问："大家要发挥创新思维，想一想，还有什么办法挑战极限。""谁有新思路，再挑战极限。"注意调动学生的兴趣和思维，注意把握学生的场上气氛。老师说："我有办法再挑战极限，大家信不信？"老师视情况将"挑战方法"公布——所有学生侧坐在地上，将"左脚"放在绳圈内，缩小绳子就达到极限！（学生哗然）"刚才规则要求：'脚在绳圈之内'这符合规则！"（大家大笑，达到娱乐效果。）

教师讲评

1．该游戏的目的是否达到？

2．同学们的活动表现与存在的问题。

3．该活动培养同学创新精神，任何事，只要有创新，就会有意想不到的效果。

33　排行版

教育目的

通过游戏，让学生学会人际沟通的方法，领会沟通的重要性。

通过游戏，加强班级的凝聚力。

游戏器材

每人一张40×40厘米的纸或泡沫垫。计时器两个。

游戏规则

游戏活动时，全组学生不准说话，只能用身体语言进行表述、沟通。

同学之间沟通、换位时，只能站在纸上，脚不能着地。

游戏过程

1. 全班同学随机分成两组。分组进行活动。

2. 活动开始时，各组学生随机站立在纸上（每人一张），排成一横行，人与人距离约50厘米。

3. 老师说：根据各人出生日期（年、月、日）的大小，作出顺序的排列，大的在左边，小的在右边。

4. 学生按游戏规则，与旁边的同学沟通、换位，依照大小顺序排成一横行。计时。

5. 老师说：根据各人身高，作出顺序的排列，高的排在左边，矮的排在右边。

6. 学生按游戏规则，与旁边的同学沟通、换位，依照高低顺序排成一横行。计时。

7. 老师说：根据各人体重，作出顺序的排列，重的排在左边，轻的排在右边。

8. 学生按游戏规则，与旁边的同学沟通、换位，依照体重顺序排成一横行。计时。

感受分享

1. 怎样用非语言方式去与他人沟通？
2. 当沟通出现困难时，如何想办法解决，当时的感受如何？
3. 哪一种沟通方法更好些？日常与人沟通应用哪些方式？
4. 通过活动，体验到了什么？

34　送球比赛

教育目的

1. 通过活动，活跃班级的气氛，强化集体的凝聚力。

2. 通过活动，锻炼同学的机灵、配合的能力，培养同学们的团队合作精神。

游戏条件

1．场地划上起跑线、终点线，距离10米。每组的终点线上摆一个小脸盆。

2．每组4支贯通的竹筒（长30厘米左右，乒乓球能通过）。

3．乒乓球若干个、计时器1~2个。

游戏过程

1．全班学生分成人数相等、双数的4个组，再分两人一对，每组若干对选手（多出的同学当工作人员）。

2．参赛的选手，两人一对。轮到的选手，每对发2支竹筒（每人各拿着一支竹筒）和一个乒乓球。

3．比赛规则：

（1）选手A将乒乓球投进自己的竹筒，乒乓球通过竹筒投进选手B的竹筒内（手不能碰到球）；选手B用手掌贴在竹筒一端底部，不让乒乓球掉出来。

（2）接着，选手B再将乒乓球投进选手A的竹筒里（手不能碰到球），选手A用手掌贴在竹筒一端底部，不让乒乓球掉出来，并将乒乓球送到小脸盆中，中途若球落地则判出局。

（3）完成（1）项和（2）项过程中，选手要走动，不能原地站立。

（4）速度最快、将球送到小脸盆最多的一组获胜。

4．比赛开始（开始计时），每组先派出一对选手参加，接着第二对选手参加，第三对选手参加（4支竹筒轮流使用，未拿到竹筒的选手无法参加比赛）。

5．以此类推，直到各组最后的参赛选手将乒乓球放进小脸盆时结束（停止计时）。

6．4个组的全部同学都参赛完毕。评出获胜小组。

感受分享

1．如何发挥每个选手的优势，怎样组合最合理？

2．按小组进行讨论，谈谈活动的感受：

（1）该游戏是集体项目，要讲究什么？个人在团队中如何发挥作用？

（2）胜利或失败的原因是什么？

注意事项

1．如果没有竹筒，可用羽毛球筒代替，但要注意筒的内部要光滑。
2．各组男女生比例要适当。

35　同心网①

教育目的

1．通过游戏，提高班集体的凝聚力，拉近同学们的心际距离。
2．通过游戏，使同学们体验合作的过程，认识到协作的重要性。
3．通过游戏，融洽班级的人际关系，培养学生的组织能力和团队精神。

游戏条件

场地：室外，满足游戏活动的需要。

道具：毛线6团（足够长），“心形”糖果盒6个（内装8粒糖）或罐装饮料6罐。

时间：6分钟。

游戏过程

1．全班学生分组，每8人一组，共分6组。每组一团毛线，一个“心形”糖果盒。

2．小组8人围成一小圆圈（直径约1.5米），毛线的一端由其中一人拿住，将毛线团抛向其他7人中的一人，接毛线团的人再任意抛向其他人。接毛线团的人皆须手持毛线之后，再抛向其他人，每人可重复接到许多条毛线。

3．毛线在8人围成的小圆圈中不断穿行，并织成“同心网”——呈网状。等到组员认为“同心网”够牢固，足以撑起糖果盒时，便可把糖果盒放在网上。

4．若糖果盒不掉在地上，便算成功。

5．成功者才有权打开盒子，分享糖果，每人一粒。

---

① 原设计者为彰化师大辅谘系89级陈静薇，作者略作修改。

6．还可以看一看哪一组用的线最少、时间最短，评一评“组织”能力。

感受分享

1．如何“组织”才最合理、省时、省线？
2．完成这一“工程”主要靠什么？
3．活动过程中，我体验到什么？有何感想？

教师讲评

这是一个合作的项目，也是一个锻炼组织能力的项目——如何组织“同心网”和如何组织人力资源，做到省工省料。通过游戏体验，我们能感受到合作的道理、协作的意义。一个人能力再强，也是渺小的，绝不可能织成“同心网”，只有团队的力量、智慧以及相互配合，才有这一创举。在日常生活中，有许多事情是需要相互合作、配合的，只有人际关系融洽，才能办好事情，只有同心同德的集体，才有可能取得更大的成绩。相信通过这次活动，今后同学们会更加同心协力！

36　我说你画①

教育目的

1．锻炼学生表达力，让学生感受口语表达在人际互动中的重要性。
2．让学生了解口语信息在输送与接收间可能发生误差。
3．让学生体验合作过程，共享合作完成游戏的快乐。

游戏器材

1．印有图案的纸若干、A4 白纸若干。
2．画笔或彩笔若干。

游戏过程

1．老师选出两位学生到讲台上。学生甲担任“说者”（表达能力强的学

① 原设计者为彰化师大辅谘系 89 级郭雅真，作者略作修改。

生），学生乙为“画者”（有画画天赋的学生）。

2. 老师发给说者一张印有图案的纸，给画者一支粉笔或彩色粉笔，不能让画者看到图案。

3. 给这两位学生5分钟的时间，让说者仅以口语表达的方式，将手中的图案尽可能详细、清楚地描述出来，让画者根据说者的语言信息，在黑板上画出图案。

4. 老师将刚才印有图案的纸贴在黑板上，让全班同学欣赏。

5. 老师将全班学生分为两人一组（或同桌同学为一组），其中一人担任说者，另一人为画者。

6. 老师发给说者每人一张印有不同图案的纸，给画者一张白纸，不能让画者看到图案。

7. 给全班学生5分钟的时间，让说者仅以口语表达的方式，将手中的图案尽可能详细、清楚地描述出来，让画者根据说者的语言信息，在白纸上画出图案。

8. 时间一到，说者将图案呈现给画者看，比较所画图案与其图案的差异。

9. 老师挑出几对图案，贴在黑板上，让全班同学欣赏、评价。

教师讲评

1. 该游戏培养同学们对事物的整体把握能力，概括、表述能力和理解信息的能力。

2. 该游戏让学生体验合作的重要性，锻炼同学们的合作能力。

（注：在本游戏中，选择图案很关键，要选择适合学生年龄知识特点、常见、容易表述的事物的简单图案。）

37 点点如甘露

教育目的

1. 通过活动，激发同学们的爱心，尤其是对解放军的爱心。

2. 通过活动，提升同学们的合作意识、团队意识和国防意识。

3. 通过活动，锻炼学生在复杂环境里的抗干扰能力。

游戏条件

1. 场地上划起跑线、终点线，距离8米。必经路上安放地雷若干个（用砖头或写上“地雷”的塑料布代替）。

2. 每组6把长30厘米的塑料尺子，纸杯一筒。

3. 每组起跑线放一桶水，终点线放一个小水桶。

4. 录音机，激烈战斗的音效（最好有枪声、炮声、喊杀声、军号声、飞机俯冲声）。

游戏过程

1. 全班学生分成人数相等、双数的4个组（每组至少10人，多出的同学当工作人员）。各组排成纵队，分别站在起跑线上。

2. 前面的6位同学，每人拿着一把塑料尺子，两人一杯水。

3. 老师：同学们，对面山头正进行一场阻击战，战斗已经打响，非常惨烈。阵地上我军有许多重伤员，正在发烧、口渴，急等着水喝。“一杯水一条命”，我们要在敌机空袭到来之前，绕过前面地雷，尽快向战场上的重伤员送去甘露，送去救命水。

送水的规则是：两人必须合作，一起用两把塑料尺子“抬”一杯水，手不能碰到水杯，到了目的地后，将水和杯子一同放进水桶里。踩上地雷的同学出列，不再参加。最后看哪个组送水最多。

现在宣布，爱心大行动，送水——开始！

（注意：老师讲话要准确、扼要、简练，重点描述氛围，不宜说教。）

4. 各组同时进行送水比赛。

5. 约15分钟后，宣布“敌机空袭”。游戏结束，查看各组送水情况。

（游戏进行中，要渲染战斗的紧张气氛，让学生在受干扰的复杂环境中活动，目的是锻炼学生专心、配合和抗干扰的能力。）

感受分享

1. 参加战斗有何体会、感想？

2. 在活动中想到什么？学到什么？

3. 每组选派一位同学发言，谈体会。

教师讲评

1. 简单谈活动目的是否达到。
2. 简单评价活动过程中同学的表现。

（注意：该游戏集德育、国防教育、心育等多种教育于其中。但整个活动过程，包括总结，教师不宜过多说教，主要是营造环境、渲染气氛，使学生进入角色，更好地让学生在游戏中得到体验。）

38　挑战：胜者为王

教育目的

1. 娱乐，活跃气氛，增进友谊。
2. 锻炼学生的智力，锻炼学生的两手协调和反应能力。

游戏条件

场地：室外，足够学生活动。

人数：30 人左右为宜，也可以全班参与。

游戏过程

1. 老师宣布游戏规则一：以猜拳定胜负，方法是："石头、剪刀、布"，但每个猜拳的学生，必须是两只手同时出不同的手势，以右手论输赢，右手赢的人是胜利者。如两只手出相同的手势，重新来，但两次错出手势，算输一局。以"三局两胜制"定最后胜负。

2. 老师喊口令，学生自行练习两分钟。

3. 老师宣布游戏规则二：输的学生必须跟在赢的学生后面，排成行，当其随从；而赢的学生则继续去找其他胜利者挑战。如果输了，不但自己必须变成赢者的随从，而且原先的随从也要改跟新的胜利者。

4. 游戏开始，学生任意找同学猜拳。按游戏规则二，胜利者不断增加随从。

5. 当队伍成为两大阵营时，老师突然喊暂停。由老师亲自主持比赛。最后时刻，胜者为王，游戏达到高潮。

教师讲评

游戏目的不在于输赢，更不是鼓励大家“胜者为王”。游戏目的在于锻炼学生的两手协调和反应能力，活跃班级气氛，增进彼此友谊。

39　埋葬“害怕”

教育目的

1. 通过游戏，帮助学生正确认识潜伏在自己心底的某一“最害怕”的事情。

2. 通过游戏，让学生消除深藏在心中很久的某一“恐惧”事情，消除精神困惑。

3. 通过游戏，使学生建立起自信、快乐感。

游戏器材

1. 每人小白纸片2张。每人一支红色铅笔和一支黑色铅笔（用蓝色、咖啡色的也可以，但不可用黄色、绿色等鲜艳颜色的笔）。

2. 塑料水桶3～4个，桶里装上半桶沙子。

3. 音响设备。

游戏条件

地点：室内，环境安静。

人数：不限，一般是十几至几十人。

适用：小学高年级、初中学生。

要求：主持人是心理老师。

游戏过程

1. 全班同学坐定。老师发给学生每人一张纸片，一支黑色笔。

2. 老师指导语（不能放音乐，更不能放恐怖的音乐）：

现在，请大家闭上眼睛，安静下来，选择一个让自己感到舒服的坐势，双腿自然地伸开，两手轻轻地放在双腿上，全身松弛，心情放松、心无杂念、随着我的语言，慢慢地进行深呼吸，深深地吸一口气，尽量吸到腹部，想象着腹部像一只气球在慢慢地充气。屏住呼吸几秒钟，心里默数“1—2—3—4—5”。好，慢慢地把气呼出来，想象着气球在漏气，尽量把腹腔和胸腔的气全部吐出来。再做一次，吸气……屏住气……呼气……，吸气……屏住气……呼气……你已经进入完全安静、放松的境界，你在想以往的事情，好像回到了过去、回到了童年，一幕幕，一幕幕……

有开心的事，有担心的事，也有我“最害怕”的事。我遇到了我“最害怕”的事，那是在什么时候，什么地点发生的……每当想起它，我总是害怕，它一直缠着我，挥之不去……

（稍停顿）请大家睁开眼睛，用黑色笔在纸上写上你“最害怕”的事情（时间要短，以免破坏氛围）。

请大家再闭上眼睛，释放出心中的憋气，跟着我的指令想一想，因为，人是有意识的，有意识就有害怕、恐惧，这是很自然的事。其实这种害怕、恐惧并无根据，完全是自己的错误想象，其实这种害怕、恐惧是毫无必要的，完全是因为自己胆小而存在。只要你坚强、勇敢，只要你勇于战胜一切，什么恐惧都会被消除。现在，你鼓足气，把刚才写的纸片，用力地撕，再狠狠地撕，将它撕成碎片……跟我大喊一声：我要埋葬你！一起开始！

3. 老师：请睁开眼睛，大家拿着撕碎的纸片走上讲台来，亲手埋葬“害怕”。

4. 学生在水桶里埋葬“害怕”（课后，一定要让班委去校园树下，把水桶里的“害怕”埋葬，不能随意倒掉、处理）。

5. 学生回到座位。老师再发给学生每人一张纸片，一支红色笔。

6. 老师指导语（放快乐的轻音乐）：

我们每个人都会有许多勇敢、愉快的经历，都会遇到许多难忘的勇敢、快乐之事。请大家想一想，再想一想，哪件事是你最勇敢、开心的事，最有意义的事，永远不忘的乐事。请用红色笔，认真地写在白纸上。

7. 学生写“愉快的事”。

8. 快乐共享：学生举手发言，念出“愉快的事”。

9. 将“愉快的事”小纸片贴在学习课室的黑板报上。

40 击倒“焦虑”

教育目的

通过游戏活动，进行心理宣泄，奋力击打“焦虑”，增强自信。

通过游戏活动，让学生有正确的认知，心理放松，排除考试焦虑。

游戏条件

地点：心理活动室，足够游戏活动。

人员：有考试焦虑者，10人左右。

道具：宣泄、拳击用的器材——“充气人”2~3个。“考试焦虑”字条若干。一玻璃瓶里面装着“幸运星”。

游戏过程

1. 参与学生面对面坐成两排，中间放着2~3个“充气人”。

2. 放事先准备的轻音乐，录音：

（女声，用第二人称，轻柔地）请大家闭上眼睛，欣赏音乐，随着悠扬的乐声，轻轻地、慢慢地躺下，全身肌肉放松，四肢自然地伸开。你听，小鸟在树林里清脆的叫声，一声、两声、三声，多么亲切，多么动人……小鸟带着你，轻轻地飞出树林，飞向广阔的、绿油油的原野，飞越一座又一座山峰，飞呀、飞呀，飞到了海边。你站在沙滩上，看到一望无际的大海，海浪拍打着岸边的礁石，激起一阵阵哗哗的声音，溅起一朵朵飞舞的浪花。随着一朵飞舞的浪花，你被冲向天空，轻轻地飘呀、飘呀，飘上了高空云外，飘得多么自在，多么悠闲，多么……

（男声，用第一人称，沉重地）突然，一声雷响，一股强大的“考试焦虑”阵风袭来，吹向了我，我被吹得难耐，我被逼得难受，我顶住，我难以顶住！我反抗，我要反抗！轰……我从高空掉了下来，我坚强地爬着，我勇敢地站起来，我握住搏斗的双拳，我睁开愤怒的双眼，我看到……

3. 同学们看到：“充气人”身体上，贴上了“考试焦虑”的大字。

4. 老师：同学们，这就是压在我们心中的考试焦虑，我们要击倒它！我们要将焦虑宣泄出来，打！打！打！

5. 随着老师的煽动，同学们奋力打“充气人”。

6. 按原先队形，站成两排。老师：

同学们，考试焦虑不是别人给你的，是你自己产生的。你怕“自己考不好”，担心“别人考试比自己强”，这是一种错误的想法、消极的认知。其实考试这东西，你怕它，就焦虑，不怕它，就坦然；考试这东西，“我难你难大家难，有了信心就不难！”最好的态度是：不要想得太多，将全部精力放在复习上；增强自信，才是聪明的选择。

7. 大家紧握拳头，高呼三声：我能行！我有信心！我一定能赢！

8. 老师拿出玻璃瓶，里面装着“幸运星”，让每人抽一个“幸运星”。老师：带回去打开看，一个人看，不能告诉别人。

（注：“幸运星”上写着不同的、鼓励的话。如：你能行！祝你好运！有自信定成功！别泄气就胜利！自信—光明！信心—成功！）

41 开发“潜能”

教育目的

通过游戏活动，让同学们体验潜能开发的过程并认识其重要性。

通过游戏活动，让同学们了解自我期待、潜能开发的魅力。

游戏条件

场地：课室或野外。

人数：不限，30 ~ 50 为宜。

道具：小白纸片若干、笔、秒表。

游戏过程

1. 学生一人一张小纸片，一支笔。

2. （可放录像）老师：同学们，让我们想象一下，此刻正在观看一台精彩的演唱会，台上有你最喜爱的偶像。演出结束，偶像向你走来，你无比激动。现在，游戏开始——请你预计一下，假如你用最快的速度双手鼓掌，一分钟内能鼓掌多少次呢？把估计的次数写在纸上（老师在黑板上示范，例如：85→）

3. 同学们把第一个进入脑海的数字写在纸上。老师：写好之后，请把纸倒扣在桌面上，咱们进入下面的步骤。

4. 老师：咱们实地测验一下，看看你的估计准不准。先请同学们试着鼓掌以适应节奏。现在宣布测试规则：鼓掌的时间10秒钟，我数10秒；同学们听到口令后开始鼓掌，一边鼓掌，一边自行数数。

5. 老师：现在进行测试，预备——开始！老师开始倒序报数："10、9、8、7、6、5、4、3、2、1，停！"同学们迅速鼓掌，一边鼓掌，一边数数。

6. 请同学们将测试数字写在纸上。（老师在黑板上写：85→23）。

7. 老师：请每个同学将自己测试的数字乘以6，看看1分钟鼓掌多少次（老师在黑板上写：85→23×6），再看看比估计次数多了多少，并记下来。

（老师在黑板上写：85→23×6=138↗53）

8. 老师：心理学研究表明，人的潜能是"海上冰山的水下部分"，开发得好，能焕发出极大的能量。现在我们来开发自己的潜能，挑战自我，再来一次10秒钟的鼓掌，努力超越前面的次数。大家有没有信心、勇气？

9. 做好挑战准备：（营造气氛）松松肩膀，抛抛双臂，扭扭手掌，深呼吸。老师："有信心没有？""要认真数好次数。""潜能开发，挑战自我，预备——开始！"（计时）"加油！加油！加油！"当过了5秒，老师开始读数："5、4、3、2、1、停"（气氛达到高潮）。请大家将数字写上，并乘以6，计出1分钟的鼓掌数字。

（老师在黑板上写：85→23×6=138↗53→32×6=192）

10. 找出全班中1分钟鼓掌次数最多的同学；找出提高幅度最大的同学。

教师讲评

我们每天无数次见到的双手，居然蕴涵着如此巨大的潜能。我们全身一定蕴藏着许多许多的潜能。

只要我们尽全力去开发潜能，就一定会有意想不到的奇迹出现。关键在于我们要竭尽全力去开发。

42 成语——我的"镜子"

教育目的

通过游戏，让学生更加了解自己的个性特点，增进自我认知、自我意识。

游戏器材

学生每人自带成语词典一本，一张白纸，一支笔。

游戏过程

1. 学生每人一本成语词典，一张白纸，一支笔。

2. 请打开成语词典，每人找到五个符合自己的个性特点的成语。也就是说，让一个不认识你的人，看到这五个成语，能对你有一个初步印象。

3. 要求：这五个成语分别形容自己的长相、性格、优点、缺点、理想。如果你找不到形容自己特点的成语，就用另外的词语来代替。

4. 学生找成语，并写在纸上。

5. 分成 5 个小组，交流各自的成语，让同学评议。同学可建议换另外某个成语。

6. 分组交流后，每组选一个“选得最恰当”的学生，轮流读出自己的成语，让同学评议。同学可建议换另外某个成语。

教师讲评

你可能会觉得奇怪，哪个成语是属于我的呀？一个人怎能有一个属于自己的成语呢？但是，的确有属于你自己的五个成语。

如果你觉得五个成语中的某个成语还不能代表你的特点，还不是属于你的成语，还可以继续找，直到自己满意为止。

此时此刻，你也许会更加了解你自己，认识你自己。

43　寻找两片相同的树叶

教育目的

1. 通过游戏，让同学们切身体会到世界上没有标准的叶子，也没有两片一模一样的叶子。

2. 通过游戏，让同学们体会到世界上也没有两个一模一样的人。每一片叶子都是那样的宝贵，每一位同学也都是那样的宝贵。

3. 通过游戏，让同学们体验自己的价值，排除自卑感。

游戏条件

场地：室外，野外，大树底下。

树种：要求是阔叶大树，如枫树、柿子树、苹果树、大叶榕树、芒果树、紫荆树等。

时间：最好是秋天，满山红叶。结合秋游活动，让学生欣赏大自然。

道具：书本，每人做树叶书签。

游戏过程

1. 请学生到大树底下（最好是同一树种），排成队。老师讲游戏规则。

2. 老师：游戏的名称是"寻找两片相同的树叶"，要求找到两片一模一样的树叶，即树叶的大小、颜色、轮廓、叶脉、叶纹、形状等一模一样。

3. 同学们开始找一模一样的树叶（25～30分钟左右）。

4. 学生集中，选两三位同学谈找树叶的结果，谈感想。

5. 老师：这里满地都是树叶，树上长满树叶。一眼看去，它们就像一群孪生兄弟，长得一模一样，但仔细辨认，其大小、颜色、轮廓、叶脉、叶纹、形状等都不一样。生物学家研究断定：世界上没有标准的叶子，也没有两片一模一样的叶子。这就是大自然的魅力。在大自然中，每一片叶子都是那么珍贵，都在为大树的生长、茂盛而默默贡献自己，哪一片叶子也代替不了另外的叶子。

同样，世界上也没有两个一模一样的人。我们每一位同学，也都是那么宝贵，那么与众不同，都有自己的长处和优点，都有自己应有的作用。因此，谁也不必因为自己与他人不一样而感到自卑。

好了，既然每片树叶都那么珍贵，我们就每人选三四片制作成书签，以作纪念。

6. 同学们学做书签。

44　信任天桥

教育目的

1. 通过游戏活动，培养全班同学的相互信任感。

2. 通过游戏活动，提高同学们的自信心、意志力。

3. 通过游戏活动，培养同学们相互合作与配合的团队精神。

游戏条件

场地：室外，能满足游戏活动的空间。

道具：体育运动的垫子若干。

80×6×3 厘米的木板条若干。

人数：全班同学（该游戏适合初中高中学生）。

游戏过程

1. 全班同学分成两组，每组至少 20 人（双数）。

2. 每组同学从高到低分成两行排列，面对面站立于垫子上。每两位同学成为一对“拍档”，双手垂直，全力紧握木条的两端，组成一条平行于地面的“天桥”（“桥面”离地面高度大约60 厘米，木条与木条距离约50 厘米）。

3. 排在队列前面的一对“拍档”（不拿木条），爬上“天桥”，并从队列前面（起点）一直爬到队末（终点）。若爬行者身体任何地方触地，或不慎堕地，则须由起点重新开始。

4. 到达终点后，两人须立即手持木条，排在队末当成“天桥”，让其他组员进行活动。

5. 接着第二对、第三对，以此类推，直至老师说游戏结束。

6. 在游戏过程中，老师既要担起鼓动角色，又要负责安全保护工作。

7. 如条件许可，两组同学可同时进行活动（游戏有一定危险性，不能搞比赛）。

感受分享

1. 当“天桥”时，我怎样当好角色？

2. 当“爬行者”时，我是怎样想的？

3. 游戏中，我体验到什么？

注意事项

1. 游戏过程中任何同学都不能笑，不能随意松脱手中的木条。

2. 同学们应注意保持提起木条时的姿势，以免伤及身体。

3. 爬行者应注意身体重心分散到手和脚上，不能集中在同一木条上，避免压力过大。

4. 应注意同学的高矮排列和女同学的分布。

5. 本活动有一定危险性，最好有两位老师和个别男同学充当保护者。

45　折纸测试

教育目的

1. 通过游戏活动，培养学生专心听讲的习惯和注意力。

2. 通过游戏活动，培养学生的理解能力和空间方位想象力。

游戏条件

道具：每位学生两张边长大约 20×20 厘米的正方形纸张。小剪刀若干。

规则：同学每人拿着一张纸，然后根据老师的提示进行折纸测试。操作过程中，同学之间不能相互观看，不能相互商量，要独立完成。

游戏过程

1. 老师一句一句地慢慢逐一指示：

① 请你拿出一张纸，上下对折；

② 再将它左右对折；

③ 在右下角，撕去一个腰长约 2 厘米的等腰三角形；

④ 然后，将纸打开，再对角折一折，成为一个等腰三角形；

⑤ 将三角形底边的两个角，各剪去腰长约 2 厘米的等腰三角形。

2. 全体同学将折纸打开，相互对照“作品”形状。

3. 老师拿出自己事先做好的“标准作品”，与同学对比。

4. 每人再拿一张纸，请大家看屏幕，按字幕指令进行折纸。

5. 字幕：再次出现老师刚才的指令。

6. 学生按字幕指令，再一次动手折纸。

7. 完毕，将“作品”打开，与第一个“作品”对照。

感受分享

1. 思考：为什么同样的指令，折出来的形状如此千差万别？

2. 讨论：找出其中的原因。

46　以人为镜

教育目的

1. 通过游戏活动，活跃班级气氛，改善班级人际关系。
2. 通过活动过程，锻炼学生的模仿能力和动作协调能力。

游戏条件

场地：室外，满足全班同学活动。
要求：活动过程中，可播放轻松的音乐。
表演者用面部表情及肢体动作来表达某种情境。

游戏过程

1. 全班同学排队，一、二报数，将学生两两配对。人数不足时，老师可以加入配对。

2. 游戏规则和要求：

① 两位同学面对面站立，想象两人之间有一面镜子。其中一位同学扮演“镜外人”，即示范者，在1分钟的时间内，可用各种面部表情及肢体动作，来表达某种心情或情境，如“考试成绩单发下来”，又如“受委屈而哭泣”，再如“老虎扑食”等，但不可用言语来表达。

② 另一位同学充当“镜中人”，即模仿者，模仿“镜外人”所做的表情及肢体动作（模仿者与示范者动作为不同方向，左右相反）。

③ 模仿活动1分钟后，两人转换扮演角色，再表演另一情境（时间1分钟）。

3. 老师选出两位同学作示范表演。

4. 示范表演后，全班同学开始表演。

感受分享

1. 猜一猜：两人相互猜一猜，刚才模仿对方的表演是什么角色、什么情境？

2. 议一议：刚才“镜外人”的表演是否恰当？“镜中人”的模仿是否准确？

3. 谈一谈：角色扮演活动中，能否达到“照镜子”的效果？游戏过程中，是否有心灵沟通的感觉？

教师讲评

1. 简单评价同学们的扮演才能和表现。
2. 简述本游戏的活动目的是否达到。
3. 通过活动，体验到了什么？同学之间是否增进了了解？

47 左邻右舍①

教育目的

1. 熟悉新同学，结交新朋友，初步建立团队，营造班级气氛。
2. 通过活动，锻炼学生的专注力和反应能力。

游戏条件

人数：全班同学。该游戏适合新班级、新同学。
场地：室外，能满足活动的空间。
道具：每位同学一张凳子。
全班同学名册。

游戏过程

1. 游戏活动开始前，全班同学排成数列矩阵，每列人数应一样，并前后左右对齐。坐下来。

2. 请每位同学先认识前后左右邻近的同学，记住这四位同学的名字（坐在周边的同学除外）。

3. 活动开始时，老师抽点名册上的名字，被叫到名字的同学，其左边第一位同学要马上高举左手，右边的第一位同学要马上高举右手，前后同学要马上大声答“有”，且站起来，被叫到名字的同学则不需作出任何回应。

---

① 原设计者为彰化师大90级学生谭可欣、赖瑞芳，作者略作修改。

4. 如有同学未能在老师喊出被点同学姓名一秒内作出反应，则老师请其站立，作自我介绍，而后坐下、复原。

5. 依照以上的步骤，继续游戏。

6. 如活动进行顺利且时间足够，可要求同学认识其前后左右邻近的第二位同学，依此类推，以增加活动难度。

7. 老师：通过此活动，相信同学们认识了不少新同学，有谁能认出10位以上同学，并念出他们的名字，请自告奋勇站起来讲一讲。

8. 自告奋勇者站起来讲名字。

48 应答自如①

教育目的

1. 通过游戏活动，让同学们体验：在巨大压力的情况下，如何发挥“头脑风暴”，提高思维能力。

2. 通过游戏活动，训练同学们的对抗能力、抗压能力、想象能力和联想能力。

游戏条件

人数：全班参加，每4个人组成一个组，每两组对抗（该游戏适合高年级学生）。

时间：20～25分钟。

场地：室外，满足游戏需要。

道具：每人一张学生凳子。

游戏过程

1. 将全班分成若干组，每4个人组成一个组，每两个组（8人）进行对抗活动。多出的同学当裁判或观众。

2. 同学们坐着，发言时站立，发言后坐下。游戏时，各组任意确定组员的发言顺序。

---

① 原设计者为彰化师大90级学生谭可欣、赖瑞芳，作者略作修改。

3．让甲组确定的第一个发言者站起来，对着乙组，任意喊出 3 个词语。比如："姐姐"、"鸭子"、"蓝天" 等任何词语。

4．乙组的第一个对答者站起来，对甲组的词语进行回应。回应词语同样必须3 个，且词义接近。比如："哥哥"、"小鸡"、"白云" 等。

5．接着，乙组的另一个发言者站起来，对着甲组，任意喊出三个词语。比如："汽车"、"房子"、"大树" 等任何词语。

6．甲组一位同学站起来应答。比如："轮船"、"大楼"、"青草" 等。

7．以此类推，两组继续对抗，不断地喊出新词语。对抗时，不能重复上面已经说过的词语，但其他组员可以提示。每次对抗时，只能由一个组员讲话，不能多人讲话。

8．游戏持续下去，提不出词语或答不了的组员遭淘汰，离队。直到其中一个组宣告失败。

感受分享

按原小组进行讨论：

1．游戏活动中，你的头脑思维活跃吗？感到压力吗？

2．这种给大脑巨大压力的做法，对于你思考问题是否有帮助？

3．刚才"提不出或答不了" 的词语，现在想出来没有？为何会这样？

教师讲评

1．本游戏活动的目的是训练同学们的对抗能力、抗压能力、想象能力和联想能力。目的是否达到。

2．该游戏的有趣之处是让学生在一个快速、紧张的氛围下，在对抗、压力的环境下，激发"头脑风暴"。人一旦感到压力，思维会变慢，提出问题或回答问题的速度会变慢，只有沉着、冷静才能应对自如，才能保证成功。

3．游戏过程中，当你发现自己的大脑"短路"时，你有没有想到以前学过的"联想、推理、想象" 的办法，使大脑迅速地活跃起来。

49 "全猪" 大餐

教育目的

1．该游戏适合高年级学生的课堂活动或旅游坐车期间。通过游戏，活跃气氛，增进友谊。

2．通过游戏活动，让学生开动脑筋，激发学生想象力，发挥学生联想力。

3．通过游戏活动，使学生认识“猪的身体结构、部位”。

游戏条件

人员：全班同学参与，轮流、独立地回答问题。

时间：该游戏的妙趣在于后面的回答，因而时间不能少于30分钟。

老师：当主持人、裁判员。

游戏过程

1．老师：游戏的名称叫“全猪大餐”。今天老师要请每位同学参加宴会，吃的东西是烧烤“全猪”。

2．游戏规则：

① 按照座位排号，每位同学轮流站起来，独立地回答问题。

② 每位同学每次回答问题时，只能说“我吃猪的……部位”。比如：我吃猪的耳朵。

③ 被吃掉的东西，下一位同学就没得吃，即不能重复前面同学吃过的东西（部位）。

④ 但是，假如前面的同学说“我吃猪的头”，后面的同学可以说“我吃猪的嘴巴”，不算犯规。再后面的同学说“我吃猪的舌头尖”，也不算犯规。同时，只要同学愿意，吃猪的牙齿、骨头，也不算犯规。

⑤ 回答不了的同学，要“惩罚”表演一个节目。

3．游戏开始。同学们开始吃猪。比如，第一位同学：“我吃猪的肉”，第二位同学：“我吃猪的瘦肉”，第三位同学：“我吃猪的筋”……

4．全班同学轮一遍以后，游戏继续，再轮一遍，越答越难。比如后面的同学可能回答：我吃猪的骨髓；我吃猪的红细胞等，甚至吃猪蹄甲、猪脑、猪上腭……

（注：该游戏的妙趣在于后面的回答，可能千奇百怪，越吃越细，妙趣横生。老师要善于煽动。该游戏的目的在于培养学生的想象力，如果学生回答吃“猪毛”，老师不要批评学生，而是要引导：这是宴会，猪是熟的，没有毛，猪毛也不是猪的身体上的“某个部位”。）

教师讲评

该游戏，表面看好像俗气，但它娱乐性强，且能锻炼学生的想象力，丰富知识。

50　穿校服

教育目的

1．通过游戏活动，认识一个沟通误区：总以为别人所知道的东西与自己所知道的一样。

2．通过游戏活动，使学生体验沟通的过程，从而学会有效沟通。

游戏条件

参与人数：全班同学参加。

活动时间：大约 20 分钟

活动场地：室内或室外，能满足活动需要。

游戏道具：校服若干，数量与参与人数相同。

小黑板写上："四步沟通法"的内容。

小奖品若干、计时器一个。

游戏过程

1．全班同学排队，一、二报数，然后两人一组，分别是 A 和 B，其中 A 扮演"指导者"，B 扮演"学习者"。每组两套相同的校服。

2．游戏的任务：在最短的时间内，A 要教会 B 怎样穿校服。而 B 假装既不知道校服是什么，又不知道应该怎么穿，充分扮演能力低的情景。例如：A 让他抓住领口，他可以抓住口袋，让他把左胳膊伸进左袖子里面，他可以伸进右袖子里面，以极尽夸张娱乐之能事。

3．游戏规则：A 教 B 穿校服时，只能用口头语言来指示和沟通，不能碰到 B，也不能用任何动作去帮 B 穿衣服。

4．第一阶段活动开始。B 拿一件校服，A 作指导。计时 8 分钟。由于 B 不懂穿衣、不配合，时间到时，可能没有一组同学完成穿校服的任务。

5. 老师：为什么会出现完不成任务的状况？说明沟通有问题，未能做到“有效沟通”。现在，推荐给 A 一种有效的办法：A 也拿着一件校服，一边指示，一边示范给 B 看怎么穿校服，同时告诉 B，要认真模仿，全过程模仿对了，有奖。完成任务后，两人同时穿上校服，并站立和报告老师。

6. 第二阶段活动开始。计时 4 分钟。时间到，看哪个组未完成。

感受分享

1. A 派代表发言，对第一阶段活动，感受如何？是否着急？是否恼火？

2. 为什么会着急？为什么会恼火？问题出在哪里？

3. 大家谈一谈，对第二阶段活动的体验，是否比第一阶段活动的沟通顺利？其主要原因是什么？

教师讲评

1. 本游戏的目的是：学会有效沟通。要防止沟通进入误区：总以为别人所知道的东西与自己所知道的一样。

2. 沟通过程出现着急、恼火现象，说明双方认识问题有差距，沟通方法有问题，预期与实际不一致，而不是对方很笨。

3. 沟通分为“无效沟通”和“有效沟通”，“有效沟通”十分讲究方式、方法。沟通有语言沟通，也有示范沟通。

4.（出示小黑板）介绍工作沟通和指导的经典的“四步法”：

① 指导者：解释应该怎么做。

② 指导者：演示应该怎样做。

③ 学习者：解释应该怎么做。

④ 学习者：自己认真做一遍。

51 我像什么动物

教育目的

1. 通过游戏，进一步认识和了解自己的个性，增加对周围同学的了解，以更好地与他人相处。

2. 通过活动，使同学们发现：自己的性格和某些行为跟某种动物在一定程度上是那样地相似。

3. 通过活动，使同学们更加自觉地提高自己的修养，改变不良动物习性。

游戏条件

人数：全班同学参加。

时间：约 20 分钟。

场地：课室内。

道具：写有动物名字的各种动物画像，不少于 15 种动物。

多媒体设备或幻灯设备。

每人一张小纸片，印上：我的个性和行为像____________（动物）。

原因：____________________________________。

游戏过程

1. 多媒体展示各种动物画像；或将动物画像做成图片，贴在黑板上；或将动物画像做成幻灯片展示（注意：选出的动物要具有代表性。）

2. 大家讨论、描述不同的动物的性格，尤其是准确描述当它们遇到危险时的反应。比如：乌龟遇到危险时，头会缩到壳里。老虎很凶残，具有攻击性。刺猬看上去浑身长满刺，很难惹的样子，其实很温顺。大象平时较温顺，遇到危险时会攻击。孔雀温柔，但喜爱漂亮、爱听表扬的话……

3. 逐一将讨论的结果写在相应动物画像的下面（注意：老师要事先备课。对动物性格的描述要准确，且高度概括。否则该游戏便失去意义。）

4. 老师：动物有自己独特的性格，我们每个人也都有自己独特的性格。有些时候，你会惊奇地发现，你的性格跟某种动物在某种程度上是十分相似的。现在，请大家静下心来，认真想一想，你平时的性格表现，以及遇到困难、危险、烦恼时的行为反应，与哪种动物的性格最相像，并将它写下来。

5. 每位同学发一张小纸片，按照小纸片上的要求，仔细填写（多媒体演示，给学生作参照：我的个性和行为像猴子。原因：因为我调皮、好动、坐不住、喜欢捣乱和干扰别人，容易违反纪律，但我讨人喜欢。）

6. 让同学自愿发言，陈述他所选择的动物性格，并说出理由。（这一环节，涉及学生的自尊、隐私，可以不要。留在“讨论”中自我对照。）

感受分享

1. 谈一谈：哪种动物的性格比较好？

2．对一对：你所选的动物？你的性格特点？你对自己的性格如何评价？

3．想一想：当不同的动物性格的人碰到一起的时候，应该如何相处？

教师讲评

1．每个人都有自己的性格与行为特点，往往像某种动物的性格。这并不奇怪。但与动物性格一样，人的性格没有优劣之分，只有使人喜欢、接纳和使人讨厌、难以接受之分。因此，大家要不断地自觉提高自己的修养，养成良好个性和保持良好行为表现。

2．每个人都有自己特定的性格，从而决定其行为方式。不同的性格和行为方式的人碰到一起，不可避免地会发生冲突；当冲突出现的时候，也许正视问题、互相尊重才是解决问题的最好方法。

3．同学们，我们是受过教育的人，在日常人际交往、沟通和合作的过程中，要了解、理解别人的个性特点，要学会克制自己、相互谅解、彼此尊重，要学会合作，学会与不同性格的人友好相处。

52 狼·羊·青菜

教育目的

1．通过活动，让学生扮演角色，逗笑娱乐。

2．通过活动，开发学生智力。

游戏条件

人数：全班同学。

场地：室外，满足游戏活动。

道具：狼、羊、青菜的头饰各一。

毛巾一条。

绳子两条，长约 5 米。两条绳子平行摆在地上，构成“河流”，河面宽 5 米左右。如下图：

河流

游戏过程

1. 全班同学分成若干组（每组不能少于4人），坐成一圈。

2. 老师：人人都知道，狼要吃羊，羊喜欢吃青菜。一天，一位老伯带着一只狼、一只羊和一筐青菜来到河边。他要撑着渡船过河，但船太小，每次过河老伯只能带两样东西，如狼和羊，或羊和青菜，或狼和青菜。为了顺利过河，又不至于老伯一离开狼就吃羊，或羊吃青菜，老伯是怎样过河的？

3. 请大家帮忙老伯想办法渡河。先想出办法的小组，派出4位同学分别扮演老伯、狼、羊、青菜，并为全班演示渡河过程。

4. 学生分组进行讨论，想出渡河办法。

5. 先想出办法的小组，进行扮演活动。如果演示过程出现“狼吃羊，羊吃青菜”的现象，则做俯卧撑。另一组继续演示。

［正确办法：老伯先带狼和羊渡河到对岸，而后带着狼回来（羊留在对岸），最后老伯再带着狼和青菜渡河。］

6. 如果渡船只能带一样东西过河，老伯又有什么办法渡河？

7. 小组讨论，而后扮演活动。

［正确办法：老伯带着羊渡河到对岸（留下狼不会吃青菜），独自回来；接着老伯带着狼过河到对岸，再把羊带回来；而后老伯带着青菜渡河到对岸，又独自回来（留下狼和青菜在对岸）；最后把羊带到对岸。］

53 网 鱼

教育目的

1. 通过游戏，活跃班级气氛。
2. 通过游戏，培养同学机灵、灵敏的反应能力。

游戏条件

人数：全班同学分组，每组12人左右。
场地：室外操场，足够全班同学活动。

游戏过程

1. 选两位同学扮“渔网”。这两位同学戴上眼罩，面对面站立（距离约

80 厘米），手拉着手，并双臂高高举起，形成“渔网”。

2. 其他同学扮成“鱼群”。同学们手拉手，形成一个圆圈，并且，“鱼儿”不停地穿过“渔网”，圆圈不停地旋转，即每位同学不停地从扮“渔网”的两位同学的手臂底下穿过。

3. 老师宣布游戏活动开始。放轻音乐，“鱼儿”一边喊着“鱼儿过龙门，勇敢又机灵”，一边穿过“渔网”。当音乐停时，扮“渔网”的同学迅速放下“渔网”（将双手放下），被网到的“鱼儿”出列（被套住的同学出列），做俯卧撑 10 个。

4. 活动继续，直至老师宣布游戏结束。

感受分享

1. 在游戏活动过程中，你怕不怕被“渔网”套住？

2. 通过活动，你有什么体验和感受？

（注：① 为增加游戏的刺激性，可同时设两个“渔网”。② 该游戏活动适合小学低年级学生。）

54 合作投篮

教育目的

1. 通过游戏，活跃班级气氛，增强集体凝聚力。

2. 通过游戏，使同学们感受到合作、配合的重要性。

游戏条件

人数：每组 2 人，每次 4 组参加比赛。（该游戏只适合初中、高中学生）

道具：4 个箩筐，每个箩筐装上篮球若干；4 个小篮球架，高约 1.5 米；眼罩若干个。

计时器 1 个。

场地：最好在塑胶场地。箩筐与篮球架距离 4 米左右。（注意：篮球架与篮球架之间要有一定距离，以免活动中相撞，出现危险）

游戏过程

1. 全班报数，甲乙两人一组。甲戴上眼罩，背上乙，两人合作进行投

篮。(工作人员3~4人)

2. 每次投篮比赛，4组同时进行。

3. 游戏规则：

① 各组拿自己的篮球，投自己的篮球框。

② 戴眼罩的同学甲背着另外一同学乙。

③ 乙指挥甲走到箩筐前，乙拿起一个篮球，然后甲背着乙走到篮球架前，乙将篮球投进篮球筐。

④ 投篮时，两人身体的任何部分，都不得碰到篮球架。

⑤ 比赛时间2分钟，看哪一组投球多。每投进一个篮球计2分，没有投进篮球筐的不计分。

⑥ 如果甲太累，允许中途休息。

4. 第一轮4组比赛开始。计时计分。

5. 第二轮另外4组比赛开始。计时计分。

6. 直至全班同学都参赛完毕为止。

7. 老师宣布获胜者。

教师讲评

1. 游戏目的是否达到?

2. 本游戏是让同学们体验合作的重要性，相信同学们有许多感受，请大家谈一谈。

55　三人四脚

教育目的

1. 通过游戏活动，让同学们体验协调、配合的过程。
2. 通过游戏活动，让同学们感受协调、配合的重要性。
3. 通过游戏活动，活跃班级气氛，培养团队精神。

游戏条件

人数：全班参与，每3人一组。

场地：学校大操场，塑胶跑道上或草地上。

地上划上起跑线、终点线，相距 30 米左右。
道具：尼龙绳或布条若干，长 55 厘米左右。
计时器若干。

游戏过程

1. 全班同学一、二、三报数，分组，3 人一组，参加跑步比赛。多出的同学充当工作人员。

2. 赛前准备：各组 3 人并排，中间同学的右脚与右边同学的左脚用绳子绑在一起，中间同学的左脚与左边同学的右脚用绳子绑在一起。

3. 分三批进行初赛，每批 6 个组或 7 个组参加比赛。各组抽签，决定参赛批次。

4. 第一批比赛，各组站在起跑线上。老师口令："比赛——开始。"计时开始。前两名的小组参加决赛。

5. 以此类推，第二批比赛，第三批比赛。

6. 决赛：各批前两名的小组参加决赛。老师口令："比赛——开始。"计时开始。

7. 老师宣布比赛成绩，宣布获胜者。

8. 按抽签批次，分三大组进行讨论，谈谈活动的体验与感受。

感受分享

1. 比赛过程中，有无相互埋怨？决定胜负的因素是什么？
2. 在比赛中，跑步速度因素重要还是协调配合因素重要？
3. 在比赛中，你体验、感受到什么？

教师讲评

1. 各组派代表汇报，谈一谈讨论情况、体验感受。
2. 老师小结，强调协调、配合的重要性。

56　心理剧：智勇过岗哨

教育目的

1. 通过游戏，培养学生的智力、开发学生的潜力。

2. 通过活动，让学生体验抗日战争中游击队过鬼子哨卡的过程，体验游击队员的机智和勇敢。

3. 通过游戏，让学生学会角色扮演的才艺。

游戏条件

人物：鬼子哨兵4人。分别设2个哨卡，每个哨卡有2个哨兵。其他同学扮演游击队员。

场地：舞台。舞台布置如下图所示：

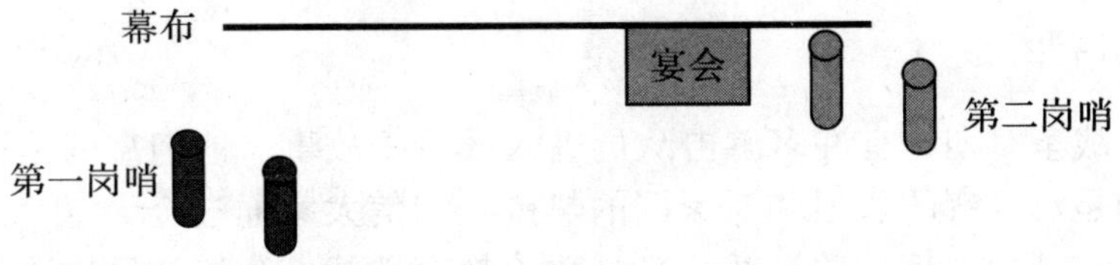

注：① 舞台右后侧，设立一小牌，上面写着“宴会”两字，寓意“宴会厅”设在舞台后。“宴厅会”门口设“第二岗哨”，站两个哨兵（身上带着“特别通行证”）。

② 舞台左前侧设“第一岗哨”，站两个哨兵（指挥所大门卫，宾客从舞台左前侧进入指挥所）。

道具：鬼子哨兵衣服若干套；步枪、手枪若干；“宴会”牌子1个；“请柬”2张（请柬是“一票两折”的相连红票）；“特别通行证”2张（蓝色）；宾客衣服3~4套。

游戏过程

1. 舞台上站着4个哨兵。其他同学坐在舞台下。

2. 老师讲故事和宣布游戏规则：抗日战争时期，日本鬼子龟田大佐在他的指挥部里设“生日晚宴”。为了安全，“宴会”设了两道岗哨（一道在指挥所，如图），发出的“请柬”是“一票两折”的相连红票。

游戏规则：宾客在进入第一岗哨时，被哨兵撕去半张请柬（相连红票的一半），持另半张请柬进入指挥部时交给第二岗哨。如有事外出，第二岗哨则发给一张特别通行证；特别通行证进出第一岗哨时，只给哨兵看一下，进入指挥部时才被收去（老师一边讲规则，一边演示，哨兵与老师一起表演）。

3. 游击队搞到了两张“请柬”。他们利用这两张“请柬”，巧妙地安排了3个人进入指挥部和“宴会厅”。另外十几个游击队员通过第一岗哨，埋伏在指挥部内部（进入舞台两侧），里应外合地端掉了鬼子指挥部。请想一想，游击队员是如何安排3人进入指挥部和“宴会厅”的?

4. 舞台下，同学们分成4组讨论，想一想如何安排3人进入指挥部和“宴会厅”。

5. 哪一组想出办法，请到舞台上进行扮演。

6. 战斗打响，十几个游击队员搞掉哨兵，然后与“宴会厅”里的3位游击队员一起，缴获枪支，捣毁指挥所，抓获龟田。

教师讲评

抗日战争时期，有许多游击队员进入敌后的故事。他们靠的是智力和勇敢，靠的是对日寇的仇恨和对家国的热爱。相信大家通过今天这个游戏，有了体会。它既是心理体验游戏，又是政治教育游戏，我们就给它取名为：智勇过岗哨。

[正确方法]

1. 先后安排A、B、C 3位游击队员，持两张“请柬”进入指挥部，想办法获取3张“特别通行证”：

① A拿着一张“请柬”进入指挥部和“宴会厅”，然后借口有事外出，领取了一张“特别通行证”。

② B用A拿出的“特别通行证”进第一岗哨，另用“请柬”的一半红票进入“宴会厅”，又借口有事外出，又领取了一张“特别通行证”（这时，B身上有两张“特别通行证”和一张“请柬”剩下的一半红票）。

③ C也用B的办法，获取第三张“特别通行证”。

2. 利用3张“特别通行证”将十几位游击队员送入指挥所：

① 凭3张“特别通行证”，游击队员每批进入第一岗哨3人，出来1人（带着3张“特别通行证”）；反复几次，十几位游击队员进入指挥所埋伏起来。

② A、B、C 3位游击队员最后进入“宴会厅”。

57 啄木鸟接力赛

教育目的

通过游戏活动，活跃班级气氛，体验竞争合作过程。

通过竞赛活动，培养学生的细心，培养团队精神。

游戏条件

人数：全班同学参与。

道具：塑料吸管若干、橡皮筋若干、计时器。

场地：大操场或篮球场。地上划上两条直线作为接力赛的起跑线。如下图所示：

游戏过程

1. 全班分成人数相同的甲、乙、丙 3 个队，如每队 20 人。多出的同学充当工作人员。

2. 每队 20 人再分成两个组，每组 10 人，分别站在 A 线、B 线两边，参加接力赛。

3. 游戏规则：

① 每人领取塑料吸管 1 条，把吸管衔在嘴里，扮成“啄木鸟”，口衔吸管传送虫子（橡皮筋）。

② 传递跑步时，不能用手拿吸管和橡皮筋（如橡皮筋掉在地上，可用手捡起橡皮筋，套在吸管上）。

③ 交接橡皮筋时，只能用吸管，不能用手，且交接时两人必须站在线的两边。

④ 用时最少的队获胜。

4. 三队同时比赛，站在A线的第一人用吸管挑起橡皮筋。
5. 老师："准备——开始！"计时开始。
6. 老师宣布各队成绩。

教师讲评

本游戏活动的难点是在跑步比赛的情况下，口衔吸管，且用吸管传递橡皮筋，以及交接橡皮筋，这不但要比速度，而且还要比细心。

本游戏活动的目的，是让同学们体验竞争合作过程，培养团队精神。

58 春耕秋收

教育目的

让同学们体验劳动，体验"春耕秋收"的喜悦。

培养同学们的动手能力和反应能力。

游戏条件

1. 人数：全班同学分成人数相等的3个组（最好是双数，多出的同学当工作人员）。
2. 场地：大操场。地上划有起跑线和"耕地"。
3. 道具：在"耕地"上，每组摆装上小沙子的小脸盆4个，每组有晒干的玉米4个。

游戏过程

1. 各组同学排成纵队，站在起跑线上。3组同时比赛。
2. 离起跑线10米外的地方，每组摆上4个小脸盆（最好装上小沙子）。
3. "春耕秋收"比赛开始。比赛过程如下：

第一位同学春耕：拿着4个干玉米，从起点跑到4个小脸盆前，分别种上"玉米"（将玉米分别埋在沙里，看不到玉米），再跑回来与第二位同学击掌。

第二位同学秋收：将4个小脸盆里的玉米拿出来，交给第三位同学。

第三位同学春耕：将4个玉米分别种在4个小脸盆里，再跑回来与第四位同学击掌。

第四位同学秋收：将4个小脸盆里的玉米拿出来，交给下一位同学。

以此类推，直至比赛结束。

59 趣味足球

教育目的

通过趣味足球活动，让学生体验合作与竞争、配合与对抗。

通过趣味足球活动，让学生感受协调、配合对集体目标的重要性。

游戏条件

1. 人数：甲、乙两队，每队20人（女同学若干人）。
2. 场地：学校足球场（半场，按足球场布置场地）。
3. 其他：三位老师当裁判，两位同学当边裁。

游戏规则

1. 按足球规则，除守门员外，不能手球，但场外发球改为地面发球。
2. 用标杆设球门，球门宽度可扩大1倍，目的是增加进球数，增进趣味性。
3. 比赛10分钟暂停1次，每次暂停时间2分钟。暂停时各队可以自由换人，中途也可以换人，但不暂停比赛（由副裁判裁定），要保持场内5对人数。目的是尽量多地让同学参与和体验比赛。
4. 每进一球，得4分。

游戏过程

1. 老师讲比赛目的、规则和安全注意事项。
2. 参赛队员，每两人配对（用布条将两人的一只脚绑在一起，成为“两人三脚”）。
3. 比赛双方，场内每队保持有“5个配对”参赛，其中设守门员一对，必须保持有一对女生在场。
4. 队员如犯规，原地站立20秒，严重犯规，出场（由副裁判裁定）。

5. 比赛开始，抽签发球。
6. 每场比赛净时间 40 分钟（不计暂停）。
7. 比赛结果，进球数多的队获胜。

教师讲评

这个足球赛的主要目的，不在于足球踢得怎么样、进球数多少，而在于尽量多地让同学们亲身体验合作与竞争、配合与对抗，感受协调、配合对集体目标的重要性。

60 百般武艺：摸爬滚打

教育目的

1. 这是一个集体项目，旨在活跃班级的气氛，提高学生集体意识，培养学生团队精神（不是竞技比赛，贵在全班同学都参与，否则便失去了游戏的意义）。
2. 这是一个组合项目，一方面磨炼同学们的“百般武艺”、摸爬滚打的能力意志，另一方面带有趣味性，旨在提升学生的身心素质（不要变成体育竞技比赛）。
3. 这是一个游戏项目，贵在参与过程、心理感受，要营造一个游戏娱乐的体验氛围，不能过分营造比赛氛围。

游戏条件

人数：全班同学随机分组，每组 8 人，多出的同学充当工作人员。

场地：大操场，最好是塑胶跑道上。场地布置：地上划一起跑线，距离起跑线 20 米的前方，插上 4 面红旗杆。如下图所示：

道具：红旗杆 4 面，跳绳若干条，木质步枪 4 支，计时器、哨子。（奖品若干）

游戏过程

1．每组8人，每次4组参加游戏活动比赛。

2．每组比赛的项目（8种方式）：独脚跳、立定跳远、跳绳、背向倒走、匍匐前进、竞走、手脚爬行（可以手拿手榴弹）和背伤员的方式（两位同学，一人背一人）。各组按上述所列方式的顺序参加比赛活动。

3．游戏比赛规则：

①除扮伤员者外，一人完成一种比赛活动方式（即一人只能参加一项比赛）。

②每项比赛，从起跑线出发，自左而右绕过旗杆后，再回到起跑线。

③各项比赛，从头到尾动作要规范，如“手脚爬行”，两手必须着地，像爬的动作；如“跳绳”必须一边跳一边前进。动作不规范，可适当扣分。

④前一项目的同学回到起跑线后，后一位同学才能开始，不能提前起跑，否则算违规，适当扣分。

⑤游戏比赛计秒（扣1分加多10秒）。

4．参赛人员进行项目分工，列队，站在起跑线上。

5．游戏比赛开始。如果小组多，分几次比赛（最好不设预赛、决赛，以免变成竞技比赛）。

6．宣布游戏比赛成绩、获奖小组，颁奖。

教师讲评

1．评价同学们在游戏活动中的表现。

2．简述游戏活动的目的是否达到。

3．思考：你参加本游戏活动有何感受？

61　聪明的放牛娃

教育目的

1．激发学生的想象力，拓展学生的思维能力。

2．培养学生细心对待“给出条件”和分析问题的能力。

游戏过程

1. 老师讲故事：有一个直径 6 米的圆形鱼塘，鱼塘里的水很深，人无法过去。鱼塘中间竖立一根高高的电线杆（如下图）。鱼塘周边的岸上，长满了嫩绿的小草，放牛娃牵着一头牛到了岸边。他想，如果能将牵牛的绳子套在鱼塘中间的电线杆上，这样，牛既可以沿着鱼塘周边吃草，不至于跑到别的地方去吃庄稼，自己又可以腾出时间来做作业，那该多好啊！放牛娃想啊想，有什么办法，既不用游水过去，又能将绳子套在鱼塘中间的电线杆上呢？聪明的放牛娃终于想出了好办法。

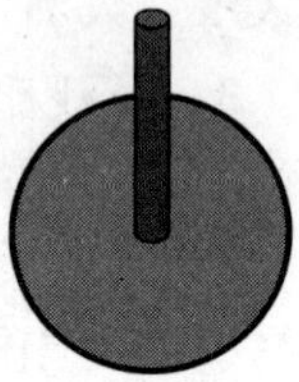

2. 同学们，聪明的放牛娃想出了什么办法？

3. 对想出好办法的同学，给予小奖品。

（答案：放牛娃将牵牛的绳子放长，并绕着鱼塘走一圈，然后收紧绳子，并将绳子系在牛鼻子上。）

教师讲评

1. 有些事情，表面看来似乎不可能，但只要动脑筋、想办法，就能够解决。

2. 这是一道智力题，“给出的条件”没有限制牵牛的绳子的长度，目的是考察同学的细心程度和分析问题的能力。

62　战车奔驰[①]

教育目的

1. 通过游戏，让学生体验配合、协作的重要性，培养学生的团体意识、合作精神。

2. 通过游戏，培养学生认真细心、一丝不苟、克服困难、保护工具、服从指挥的工作态度。

3. 通过游戏，活跃集体气氛，增强同学间的相互信任和理解。

---

① 原设计者为南海师范附属小学，作者略作修改。

游戏条件

时间：10 分钟左右。

人数：全班分成若干组，每组 5 人，每次 3 ~ 4 组同时参加比赛。

场地：室外，学校篮球场或足球场。地上画有起跑线和终点线，其距离约 10 米。

道具：报纸若干、透明胶带、小奖品、计时器。

每组用报纸和透明胶带，制作一个可容纳 5 位同学站在其中的、能够滚动的大圆环“战车”。如右图所示：

游戏过程

1. 游戏规则：

① 比赛过程，参赛各组同学必须在各自的“战车”里，双脚不能踏出“战车”外，否则算违规。

② 比赛过程，“战车”必须保护完好，如果“战车”被撕裂，则算输。

③“战车”（全组同学）先进入终点线的小组为获胜者。

2. 第一轮比赛，参赛小组同学站在“战车”里，并在起跑线上。

3. 教师口令：“比赛开始”，“战车”向目标前进。计时开始。

4. “战车”到达终点线后，宣布时间和优胜者。

5. 进行第二轮比赛。

6. 宣布游戏比赛活动最终结果，发小奖品。

感受分享

1. 学生分组讨论：

① 经过游戏活动，体验最深的是什么？

② 通过活动，同学们有何感受？请一起分享。

2. 教师总结：

① 简评游戏活动过程中同学们的表现，总结活动目的是否达到。

② 一个有信任、有配合、听指挥、能服从的团队，才能称之为优秀团队。

63　团队合作

教育目的

1．通过游戏，体验团队合作过程，理解团队行动方案的重要作用。

2．通过游戏，使同学们相互间更加信任和配合，培养团队精神。

游戏条件

时间：30 分钟左右。

人数：参加游戏人数 12～15 人。

场地：学校篮球场。

道具：一根长 25 米左右的绳子；眼罩 15 个。

规则：将 25 米长的绳子拉成一个最大的正方形，且所有同学都均匀站在正方形的四条边上。

游戏过程

1．参与游戏活动的同学都戴上眼罩。

2．老师宣布游戏规则，发绳子。

3．同学们讨论活动的行动方案。

4．游戏开始：在 30 分钟内，同学们将 25 米长的绳子拉成一个最大的正方形，且所有同学都均匀站在四条边上。

教师讲评

该游戏的关键是确定行动方案，选出指挥者，有序组织，服从指挥。

该游戏的目的是让同学们体验团队合作过程、理解团队行动方案的重要作用，培养相互信任配合的团队精神和学会服从指挥的合作能力。

64　靠背起立

教育目的

1．学会合作，学会相互依赖。

2. 让同学们在娱乐中体验：许多事情只有靠团队力量才能完成。

游戏条件

时间：20 ~ 30 分钟。
场地：空旷的场地。
人数：全班同学参加。
道具：无须其他道具。
规则：背靠背起立时，手不能着地，即不能用手撑地站起来。

游戏过程

1. 每组 3 人，先由 5 个小组同时参加活动，其他同学观看。
2. 要求 3 人一组，背靠背地围坐在地上，且手臂相互勾住。
3. 教师喊口令："起立。"（提示：手不能撑地）
4. 参赛同学背靠背地站立起来。（其他同学高喊"加油！"）
5. 随后依次增加人数，每组每次增加 2 人，直至增加到每组 10 人。

感受分享

同学们按原来小组，分组讨论：
1. 游戏过程中，同学们有什么体会和感受？
2. 游戏过程中，最难做到的是什么？是不是配合？

65　竞技游戏：吹气球

教育目的

1. 通过吹气球比赛，活跃班级气氛，培养团队精神。
2. 通过游戏活动，培养学生的竞技能力和临场竞技心理。

游戏条件

人数：每组 6 人，3 男 3 女。参赛各组站在 A 线边。

场地：空旷的大操场，如下图所示：

道具：B 线放着小凳子，气球若干，放在小凳子上。

规则：

① 为了比赛公平，男女生必须间隔排列。

② 必须在上一位同学吹破之后，下一位同学才能开始起跑和吹气球，否则扣分。

③ 吹破一个气球，计 4 分。

④ 比赛时间，5 分钟。

游戏过程

1. 男女生分开报数，按要求组合成若干小组。
2. 先由 3 个小组参赛，站在 A 线边。
3. 比赛开始：男女间隔排列，先男后女，以接力的形式，第一位同学跑到 B 线边，开始吹气球，直到吹破后，跑回原位，换下一位同学。依次轮换，直至计时完毕。
4. 游戏以 5 分钟为限，按组计成绩。
5. 其他小组参加比赛。

教师讲评

该游戏旨在训练同学们的竞技能力、临场竞技心理和挑战心理极限，使同学们在活动中增进团队目标感，增强对他人的信任感。同时，通过本游戏活动，活跃班级气氛，培养集体精神。

竞技比赛的特点是竞争、挑战，有赢有输，比赛输赢不是目的，目的是大家在游戏中体验到了什么，学会了什么，相信大家有许多感受，请自我总结。

66　人体造型设计

教育目的

1. 在活动中，锻炼同学们的集体智慧、造型设计能力和团体合作能力，提高创造力。

2. 在活动中，让同学们体验集体力量，感受合作的意义，增强同学的团队意识。

游戏条件

时间：30 分钟左右。

人数：每组 10 人左右，至少两个小组参与活动。

场地：室外，最好是草地上。

道具：事先准备好纸、笔、纸盒，并在纸上事先写好 26 个英文字母和简单的单词（字母和单词分别装在纸盒里，抽签时用）。

游戏规则

1. 按抽签到的字母或单词，以最快速度，用身体在地上摆出造型。
2. 造型设计，可以是平面的，也可以是立体的。
3. 造型设计的评价标准，以“像抽到的字母或单词的造型”为标准。

游戏过程

1. 分若干轮次进行活动，每轮 2 个小组参加活动，其他同学暂时当观众。

2. 抽签：每组派一个代表进行抽签，每组分别抽一个字母、一个单词（抽签结果不告诉观众）。

3. 造型：抽签后，各组同学用最短的时间，用身体摆出抽到的字母和单词的造型。

4. 猜一猜：造型设计完毕，摆出造型之后，其他同学猜一猜，人体造型是什么字母、什么单词（教师宣布抽签的字母和单词，看一看人体造型与字母、单词的相似度）。

5. 以此类推，其他小组进行第二轮、第三轮的活动。
6. 评价：活动结束时，评价哪个组的造型最像、最美、最好。

感受分享

1. 活动最关键的环节是什么？为什么我们的造型最好、最像？（或为什么我们的造型其他同学猜不出来，造型失败？）
2. 活动中，我们的体验、感受如何？
3. 每个小组派代表发言。

教师讲评

今天我们的游戏活动，旨在锻炼同学们的集体智慧、造型设计能力和团体合作能力，让大家在活动中体验集体的力量、合作的魅力。

该游戏是益智型、团体合作型的游戏，其关键是凝聚集体的智慧和相互之间的配合。诚然，世间许多事情是一个人无法完成的，要靠集体的合作，没有集体的力量，就没有宏伟的创造。

相信大家懂得这个道理：一个能凝聚集体智慧且相互信任、配合，服从指挥的集体，才是优秀团队；一个优秀团队有着无限的创造力。

67　扑克牌

教育目的

1. 通过游戏，让同学们体验合作的力量，体验合作的重要性。
2. 通过游戏，让同学们认识到协调配合永远是成功的秘诀。
3. 在游戏活动中，学会配合，学会合作，学会尊重他人。

游戏条件

时间：活动约20分钟；
人数：全班参与，4人一组，多出的同学充当工作人员；
场地：室内或室外都可以。
道具：扑克牌若干副（每组一副）、计时器。

游戏过程

1．全班同学随机分组，4 人一组，每组选出一位组长。

2．请组长洗扑克牌，越快越好。

3．游戏要求：请各组按黑桃、红桃、梅花、方块及数字顺序摆好扑克牌（计时）。

4．各组内交流讨论：如何合作才能按要求把扑克牌摆得更快。

5．各组交换手中的扑克牌，各组组长重新洗牌，并按刚才的要求摆好扑克牌（再计时，看摆牌时间是否缩短）。

感受分享

1．速度最快与最慢的两个小组，派代表上台，交流合作经验。

2．谈一谈如何有效合作，体会合作的巨大力量。

68　齐心协力

教育目的

1．通过游戏，让同学们体验协调、配合的过程，体会合作的重要性。

2．让同学们在游戏活动中感受齐心协力的重要作用。

游戏条件

时间：约 20 分钟。

人数：全班同学参加。

场地：室外，大操场。

道具：高 1 米左右的木棍（或塑料棍、竹棍）若干根。

游戏过程

1．全班同学分组，每组 3 ~4 人，多出的同学充当工作人员。

2．每组同学围成一个圈，中间竖起一根木棍，每组同学右手掌贴住（不能握着）木棍的上部，木棍不移位，人顺时针快速走动，绕走一圈，木棍没有落地者为胜。自由尝试 5 分钟。

3. 规则：

① 木棍不能落地，落地者重新开始。

② 全组同学的右手掌必须贴住木棍的上部，即走动时手不能离开木棍。

4. 老师宣布："游戏活动比赛开始。"各组同时参与比赛（比赛时间为1分钟）。

5. 胜出的小组，继续比赛（重复刚才的比赛2分钟）。

6. 优胜组与失败组，两组合并一组（6~8人），再进行比赛。

（注意观察：① 看看游戏中，动作反应较慢的同学，其他同学如何对待他。② 身高的不同对活动有一定的影响，看看他们是怎样配合的。③ 看看各组如何自动生成"领导者"。）

感受分享

1. 同学们谈谈活动中是如何配合的，交流经验。
2. 同学们谈谈活动中的感受，对合作的认识。

教师讲评

1. 简评整个游戏活动的状况，分析比赛中出现配合不好的原因。
2. 讲述合作的重要性，讲述在游戏中如何对待动作反应较慢的同学，如何配合，如何自动生成"领导者"。

69　让我自己站起来

教育目的

1. 通过游戏，让学生体验"只有靠自己，站起来才轻松"。
2. 通过游戏，让学生体验"自立、自强"的意义。

游戏条件

人数：全班同学分成若干组，每组不多于8人。

场地：室外操场或篮球场。

器具：海绵垫（体育课用垫）若干块，每组一块。

游戏过程

1. 全班分成若干组、分场地；每组一块海绵垫。

2. 各组选一名体重最小的同学，躺在海绵垫上。教师对躺着的同学耳语：不管怎样，你都不要站起来。

3. 教师指导语：当一个人躺在地上的时候，我们在不使用任何工具的前提下，无论如何是没有办法将他拉起来的！在安全的情况下，你们能徒手让躺着的人站起来即为胜利。

4. 活动开始：让其他同学拉躺着的同学起来。

5. 各组选一名体重最大的同学，躺在海绵垫上。教师对躺着的同学耳语：同学们拉你，你就顺势站起来。

6. 活动重新开始：让其他同学拉躺着的同学起来。

7. 结果，同学们可能议论：教师的指导语是矛盾的、不科学的，我们能够将躺着的同学拉起来。

教师讲评

这个游戏的目的，不在于能不能将躺着的同学拉起来，而在于让同学们体会：当一个人不愿意站起来，拉起来是相当费劲的。这个游戏告诉我们：做人要自强、自立，“只有靠自己，站起来才轻松”；在人生的征途上，会遇到许多困难，只能靠自己坚强地站起来！请记住这句话：让我自己站起来！

（注意：活动过程要注意安全，不能强行拽与拉，以防拉伤。）

70 角色与反应

教育目的

1. 通过游戏，使同学们牢记自己在团队中的角色，理解角色意识和角色作用。

2. 通过游戏，培养同学们在团队协作中的反应意识和反应能力。

游戏条件

时间：约 15 分钟。

人数：全班同学或 20 人左右。
场地：室内室外均可。
道具：每人一张有靠背的椅子。坐席卡。彩笔若干。

游戏过程

1. 全体同学每人一张椅子，围坐成一个圆圈（椅子的靠背向内，同学们反坐在椅子上）。

2. 每个同学找一个星球名称（剧中人物亦可以）来代表自己，不能用自己的名字或外号；并将自己选择的名称，用彩笔写在座席卡上，然后贴在椅背上，让全体同学看得清楚。

3. 由老师指定一人，活动开始：假设这个人是金星，金星就说“开呀开呀开飞船，金星的飞船向前开”，全体同学一起问：“往哪开?”金星停顿一下，说“往木星开”。木星马上接着说“开呀开呀开飞船，木星的飞船向前开”，然后大家一起问：“往哪开?”木星选择另外的同学，说“往土星开”。土星立刻接着说“开呀开呀开飞船，土星的飞船向前开”……

4. 以此类推、循环下去，直至老师宣布游戏结束。

5. 每个人的反应时间不能超过两秒。超时者要为大家表演节目。

感受分享

1. 为何反应慢？是反应能力问题还是注意力问题？还是没有牢记自己的角色名称?

2. 如何才能反应最快?

（注：该游戏适合小学低年级学生。）

71 设定目标，挑战自我

教育目的

1. 通过活动，使同学们理解“设定目标、暗示自己”的意义和作用。
2. 自己给自己设定目标，挑战自我，以挖掘自己的潜能。

游戏条件

人数：全班同学。

场地：室外，地面平坦的场地。

道具：一条绳子（长约 8 米）。

游戏过程

1. 全班分组，按身高、体重、性别分成实力相当的 A、B 两组。

2. 第一轮：将绳子拉直放在地面上，A 组同学在距绳子 40 厘米处与绳子平行站好。

3. 对 A 组同学向前跳跃的距离，不作任何要求和规定。

4. 老师说明：A 组所有同学下蹲，用手紧握脚后跟，以此姿势向前跳，只有一次机会。老师口令："预备——跳！"

5. 量一量 A 组同学的跳跃距离，计算平均距离。

6. 第二轮：B 组同学用同样的方式站好。

7. 老师对 B 组同学提出要求：首先，全体同学必须跳过前面的这根绳子；其次，一定要尽力发挥，超越 A 组的成绩。同学们是否有决心？

8. 老师口令："B 组同学下蹲，用手紧握脚后跟，以此姿势向前跳，预备——跳！"

9. 量一量 B 组同学的跳跃距离，计算平均距离。

10. 可以再次设定目标，两组重新比试。分别测算距离。

感受分享

1. 两组跳跃的平均距离有什么差距？为什么会有差距？

2. A 组同学前后跳跃的平均距离有什么不同？为何不同？

3. 游戏活动中，你体会到什么？

教师讲评

人有潜能，发挥好潜能就能战胜自我。目标决定成绩，设定适当的挑战性目标，就能获得更好的成绩。刚才的游戏活动，就是自己给自己设定目标，挑战自我，挖掘自己的潜能。

（注意：为保证安全，活动前要做舒展筋骨的准备活动。）

第三部分 短小游戏

1 相互认识

教育目的

本游戏适合初次见面的班级新生之间的交际与沟通，目的是锻炼新生的交际能力，使新生尽快相互熟悉和认识，有助于班级团队的建立。

游戏过程

1．老师将新生分成人数基本相等的两组；两组新生围成内外两圈，内圈新生面向外，与外圈新生一对一地两两相对站立。

2．面对着的两位新生相互握手、敬礼，并相互作大声的自我介绍（我叫什么、来自哪里、喜欢什么，也可以随意地进行自我介绍。每人两分钟）。

3．然后，向右移动，再与对面的另一个新生相互握手、敬礼，并相互作大声的自我介绍。依次轮转，直至轮完一圈。

4．内圈、外圈新生各自再分组，按上述方式重复一次，直至新生之间基本轮到、认识一遍。

注意事项

1．新生要主动、热情，注重礼节，大声交流。

2．自我介绍内容：姓名、来自何方、爱好、特长等。

3．交际时，要尊重对方，不得询问对方的隐私问题。

2　逗笑留人

教育目的

课前热身、活跃气氛；开发学生幽默、逗笑的灵感、技巧；锻炼学生的交际能力，增强班集体的和谐氛围。

游戏规则

1. 鞠躬、行礼、说话时，不能碰到对方，否则被对方俘虏。
2. 说话言词可以逗笑，但要文明礼貌，不能挖苦人或骂人，否则被对方俘虏。
3. 每位队员鞠躬、行礼时，只能说一句话，多说者被对方俘虏。
4. 如果两个队员均无法逗对方笑，平手，各自回自己的队伍。

游戏过程

1. 教师将全班同学面对面站两排，两两相对。两排距离约两米。
2. 教师站在两排队列前面，当裁判，宣布游戏开始。
3. 两排第一名同学向前走一步，相互作 90 度鞠躬、行礼，并大声说：××同学，你好！（扮鬼脸、幽默、搞笑、逗对方笑）
4. 胜者回到自己队伍的末端；被对方逗笑者，被俘虏，排在对方队伍后面。
5. 依次轮流，15 分钟后（或直至轮流一遍）看哪方队伍人数多。

3　续讲故事

教育目的

1. 通过续讲故事，开发学生的智慧、创意能力，锻炼学生的讲述、表达技巧。

2. 通过续讲故事，激发学生的灵感和想象力，锻炼学生的应变、创作能力。

游戏过程 1

1. 老师讲故事……
2. 同学 A 接着老师所讲的故事情节，续讲下去。
3. 同学 B 接着同学 A 讲的故事情节，续讲下去。
4. 同学 C 接着同学 B 讲的故事情节，续讲下去。
5. 直至故事讲完，或老师宣布停止。

游戏过程 2

1. 老师讲故事，留下故事结局。
2. 同学 A 为故事续尾，讲完故事结局。
3. 同学 B 另为故事续尾，讲不同结局。
4. 同学 C 另为故事续尾，讲不同结局。
5. 同学 D、E、F……直至老师宣布停止。

游戏过程 3

1. 全班同学参与，两人一组，或同桌同学一组，两人对接故事。
2. 同学 A 讲故事……突然停止故事，给出一个“单词”。
3. 同学 B 接着同学 A 讲的故事情节，按“单词”意思，续讲下去……突然停止故事，给出另一个“单词”。
4. 同学 A 接着同学 B 讲的故事情节，按给出“单词”意思，续讲下去……
5. A、B 两人反复对接讲故事，直至故事讲完，或老师宣布停止。

注意事项

1. 该游戏有一定难度，适合高年级学生。
2. 教师事先要选好适合学生年龄、文化知识特点的有趣故事，否则达不到游戏的目的。

4 谈事·论事·评事

教育目的

培养学生的是非观念，使学生关心班集体荣誉，具有正义感，具有谈事、论事、评事的能力。

游戏过程

1. 全班同学参与，分成4～5个小组，每组一个组长、一个记录（发纸、笔）。

2. 各组讨论，找出一个月内，班里发生的最受欢迎或最有意义的3件事情（写在纸上）及选它的理由。

3. 各小组长发言、汇报选它的理由。

4. 各组继续讨论，找出一个月内，班里发生的最不受欢迎或令人气愤的3件事情（写在纸上）及选它的理由。

5. 各小组长发言、汇报选它的理由。

6. 老师小结。

5 赞美优点

教育目的

1. 使同学们学会欣赏别人、尊重别人，学会看到别人的优点、赞美别人的优点。

2. 通过游戏活动，使个别有自卑感的学生、后进学生看到自己身上的优点和长处，树立自信，促其转变。

3. 通过游戏活动，促进同学们的人际关系，加强集体凝聚力。

游戏过程

1. 全班同学参与活动，随机地面对面站成两排，两两相对（每人发一张小纸片、一支笔）。

2. 闭上眼睛，认真思考，从爱好、个性、学习、生活、人际、关心集体等方面，找出对方的5个优点，并写在纸上。

3. 相互大声地读给对方听，并恭敬地将纸送给对方。

4. 老师抽1～2份，当众读一读，让全班同学猜一猜那是谁。（鼓掌）

注意事项

1. 参与活动的同学要认真、虔诚，活动才有效果和达到教育目的，故要求“闭上眼睛，认真思考”。

2. 老师要有目的地抽出后进学生、有自卑感学生、个性内向学生，当众赞美优点，促进其转变。

6 扑 蝶

教育目的

课前热身、活跃气氛。

这是一个反应能力测试游戏，目的是测试学生的灵活性，培养学生的反应能力。

游戏过程

1. 在地面画一个大圆圈（或用尼龙绳围一个圆圈），参加游戏人数6～10人，戴上面具（留出眼睛），站在圆圈里。

2. 游戏一开始（放音乐《扑蝶》），同学们相互追逐。如，同学甲追逐同学乙，用手摸到对方肩膀时，立即转身逃跑，同学乙马上追逐同学甲。看谁摸到别人肩膀的次数多而不被别人摸到肩膀。

3. 游戏4～6分钟，音乐停。

7 令行禁止

教育目的

课前热身、活跃气氛。
锻炼学生的反应性、灵活性，培养学生的反应能力。

游戏过程

1. 全体学生面对面站成两行队列。老师站在队列前头。
2. 同学们随着老师的口令做动作。看谁做得又快又准确。
3. 老师口令：左手摸右耳、右手摸左耳、蹲下、起立、左手高举、右手高举、两手相握、弯腰鞠躬（最后，两行成相互作揖姿势）。
4. 老师：请大家保持姿势不动，看看大家在干什么。

注意事项

1. 老师口令要从慢到快。
2. 该游戏可以重复做两次。

8 自画像大赛

教育目的

课前热身、活跃气氛；开发学生幽默感；逗笑、开心。

游戏器材

眼罩或布巾。A4 白纸，彩笔（每位同学 1 张纸，1 ~ 2 支彩笔）。
小奖品（也可以事先在黑板上贴几张白纸，用彩笔自画像作为奖品）。

游戏过程 1

1. 教师请每列座位一名学生上讲台来（4 ~ 6 人，平时画画比较好的同学）。

2. 教师讲游戏规则：

① 上台同学必须戴上眼罩（或用布蒙眼），用粉笔在黑板上画自己的脸谱。

② 画脸谱时间为 2~3 分钟。

③ 看谁画得又快又好。

3. 上台同学每人一支白粉笔，站好位置，戴上眼罩。

4. 教师叫口令：开始！（计时）时间一到，停止绘画。上台同学转换位置，摘下眼罩，猜猜哪一个是自己画的、像不像自己。

5. 全体同学评议“最佳脸谱”。

6. 教师点评，并宣布获胜者，发小奖品。

游戏过程 2

1. 老师发给学生每人一张纸，两支彩笔，学生在白纸上画出自己的“自画像”（可以是脸谱，也可以是全身画像）；并在“自画像”下方写上身高、爱好、特长。

2. 教师收集“自画像”之后，选上 4~6 张比较貌合、有特点的“自画像”贴在黑板上，然后全体学生猜画像中是哪位同学。

3. 被猜到的学生上讲台，作自我介绍，并谈“画像”特点、体会。

4. 未被猜到的“画像”，老师透露“画像”真人，然后该同学上讲台，作自我介绍，并谈“画像”特点、体会。

5. 全体同学评议“最佳画像”。

6. 教师点评，并宣布获胜者，发小奖品。

9 猜 拳

教育目的

课前热身，活跃团队气氛。

游戏人数

全班同学分成人数相等的 4 个小组。

游戏过程

1. 比赛两组队员面对面地两两相对，蹲下。
2. 各排在队列前头的两名同学站着猜拳一次：石头、剪刀、布（教师叫口令：开始）。胜者站着，输者蹲下。
3. 继续下一局，排在第二位的两名同学站着猜拳一次，胜者站着，输者蹲下。
4. 依此顺序下去，直至两组比赛结束。看看各组站着的人数。
5. 另外两组同学比赛。
6. 优胜的两组同学再决赛。
7. 老师宣布比赛结果。

10 同舟共济

教育目的

通过游戏，培养同学们齐心协力、团结协作的精神。

通过游戏，让同学们体验什么是同舟共济，锻炼坚持到底的毅力。

游戏人数

室外活动，全班同学参与，5 人一组（有男生和女生）。

助手 2 ~ 3 人。

游戏规则

1. 5 人都站在报纸上。
2. 可以单脚站立，相互勾臂站立，也可以托起同学站立。
3. 有人站在报纸外面或一脚在报纸外着地，则全组失败，淘汰。
4. 坚持到底者，胜出。

游戏过程

1. 在地上铺开大报纸，每个小组面前 1 张（每个小组有一定距离）。
2. 老师宣布开始，5 人一起站在报纸上（助手计时，老师数 10 下），如有违规者则淘汰、蹲下。

3．优胜组走出报纸，继续进入第二轮比赛（助手将报纸撕掉一半）。

4．老师喊开始，5 人一起站在报纸上（助手计时，老师数 10 下），如有违规者则淘汰、蹲下。

5．第三轮比赛（助手将报纸再撕掉一半），老师叫开始，5 人一起站在报纸上，计时、数数，1、2、3、4、5、6……坚持不住者淘汰。

6．依此进行，直至坚持到最后者胜出。助手报计时情况。

教师讲评

围绕着游戏目的，对同学们的活动表现进行小结。

11 “拔河”比赛

教育目的

通过游戏，活跃班级气氛，共享对抗比赛的乐趣。

通过游戏，体会竞争与对抗，培养团队精神。

游戏条件

全班同学参加，按男生、女生分成两组，男生组先进行比赛，女生组再进行比赛。

两队之间距离约 1 米，中间放一条约 6 米长的绳子在地上。

游戏规则

1．将对方拉过绳子，获胜。

2．拉动过程中，注意安全，用力要柔和，不能过猛。

游戏过程

1．参加游戏同学入场，按高矮顺序排成两队站立，人数相等，两两相对，相邻一臂之遥。

2．老师：这个“拔河”游戏，不用绳子，是两个人搭档，对抗比赛。现在听我指挥。

① 两队向后转，两脚撑开，俯身弯腰，两手从双脚下面向后伸，直到“扣住”对方的手，注意，是用手指扣住，不是握住。（绳子在两队之间）

② 预备——开始！

3. 获胜者再按上述对抗方式，进行第二轮比赛。直至最后决出冠军。

4. 女生组比赛，直至赛出冠军。

5. 宣布男生组、女生组总冠军得主。

注意事项

1. 该游戏有危险性，适合高年级同学活动，低年级不宜开展。

2. 要强调安全，“拔河”开始前，要检查搭档之间的手不能“握住”，要“扣住”。

12 杯水传友谊

教育目的

通过游戏，活跃班级气氛，享受嬉戏乐趣，建立起集体友谊。

让同学们在游戏中学会灵活、学会细心、学会配合、学会协作。

游戏条件

1. 全班同学分成人数相等的 4 个小组。助手 1 ~ 2 人。

2. 每位同学一个纸杯。

3. 每队 2 个塑料桶，一个装水，放在队列前头，一个放在队末，准备装水。

游戏规则

1. 队列第一位同学用纸杯在塑料桶里盛水，转身倒进第二位同学的纸杯里，如此反复不停地盛水、倒水。

2. 第二位同学将纸杯里接到的水倒进第三位同学的纸杯里，如此接水、倒水延续下去，直到队列最后的同学将纸杯里的水倒进塑料桶里。

3. 同时 4 个小组比赛，时间 10 分钟。

4. 最后评奖，传水、装水最多的小组获胜。

游戏过程

1. 全班同学分组、站队，发纸杯。
2. 老师宣布游戏规则，助手安置水桶。
3. 老师口令："预备——开始!"
4. 游戏10分钟，比赛结束，评奖。

教师讲评

评价同学们的比赛表现；评价游戏的目的和效果。

13 心灵电波

教育目的

1. 这是一个快速、简单的小游戏，目的是使同学协作、团结、愉快，增强班级凝聚力。

2. 激励学生挑战自我、超越自我，团队合作、提高效率。

游戏条件

时间4~6分钟。全班同学参与，人越多越好。

游戏过程

1. 全班同学手拉着手，站成一圈。

2. 随意在圈中选出一个同学，让他用自己的左手捏一下相邻同伴的右手，问第二个同学是否感受到传递的捏手信号——称为"电波"。

3. 收到"电波"后的同学要迅速把电波传递给下一个同学（快速地捏一下同学的手）。这样一直继续下去，直到"电波"返回到起点的同学（用秒表记录"电波"跑一圈所需要的时间）。

4. 老师口令："预备——开始!"开始计时。

5. 宣布"电波"传递一圈所用的时间。鼓励一下大家，重新再做一次电波传递，希望提高传递速度、提高效率。

6. 一共重复做4次电波传递，记录每次传递所用的时间（“电波”的传递方向可以是顺时针方向，也可以是逆时针方向；也可以闭上眼睛，或同时双向传递）。

感受分享

1. “电波”传递像生产链，每个人是生产链上的一环，如何做好这一环？
2. 为何每次“电波”传递速度有变化？为何闭上眼睛后，“电波”传递速度会变慢？
3. 如何有效提高效率？

14 抛绣球

教育目的

课前热身，活跃气氛；测试反应，训练记忆；团队配合，提高效率。
每个人都在团队中更好地发挥作用。

游戏条件

10～15分钟，室外空地或草地。
10人以上，也可全班参与。6个小皮球。

游戏过程

1. 所有参与者站立，围成一个大圈，每位同学之间的间隔稍大一些。
2. 首先进行1个皮球的抛投练习。皮球抛投是将皮球抛向对面的同学。皮球只能抛给没有接过球的同学，即一人只能接一次。皮球落地或有接两次的，游戏失败，重新开始。
3. 等到大家熟悉规则之后，加大游戏难度，同时用2个球、3个球进行抛投活动。记下每次活动时间。
4. 继续加大难度，增加到6个球同时抛投。反复2～3遍。记下每次活动时间。

感受分享

1. 有人出差错，团队里采取鼓励还是责备？

2. 如何更好配合以提高团队的效率？
3. 每个人在团队中的作用是什么？

15　答非所问

教育目的

活跃课前气氛。

游戏人数

全班参加（该游戏最少要有4~5人）。围成一圈坐在地上。

游戏器材

两个小盆子、一本便条簿。

游戏过程

1. 给每个同学发一张便条纸。每个同学在纸上针对班里某个同学写下一个“为什么”的问题（例如：“李涛的脸蛋为什么那么圆?”）。写完后放在一个小盆子里面。

2. 每个同学轮流上来抽问题（如果抽到自己写的问题就放回重抽）。随便想一个答案（例如：“因为李涛他经常逃课”），写在另外一张纸上，把写着答案的纸就丢在另一个小盒里，问题自己留着。

3.（问题抽光、答案写完后）开始玩游戏：每个同学轮流上前，先大声念出自己手上拿的问题，再从盆子里抽一张答案，大声念给全班同学（抽到自己原来写的答案就丢回重抽）。看看回答效果如何。

4. 如果时间许可，这个游戏可以重复玩下去。

16　铜墙铁壁

教育目的

课前热身，活跃气氛；以热烈的活动，调动同学们的兴趣，增强班集体凝聚力。

游戏过程

1. 全班同学男女间隔、面向圆心，围成一圆圈，双手搭在左右同学的肩膀上。

2. 老师一声令下，同学们一边喊口号“齐心协力，铜墙铁壁”，一边踏步往圆心走动，直至拥挤在一起，走不动为止。

3. 计算一共走动了多少步。

注意事项

1. 往圆心走，肩部越来越有压迫感，压力过大时应停止再前进。

2. 注意安全，避免一方压力加大，另一方同学跌倒碰伤。

17 守卫与小偷

教育目的

诵过游戏，训练学生的思维拓展。

游戏过程

1. 老师讲故事：从前，山里有一个古堡，古堡里有一个十字架，上面镶嵌着29颗蓝宝石（如下图所示）。有一个守卫负责看管蓝宝石。守卫每天都要数一下宝石，但他有个偷懒习惯，每次检查宝石都是从上面数到中间那一颗，而后分别向左、右、下的方向数三次，三次的得数都是15颗。聪明的小偷发现了守卫的秘密，有一次趁着守卫不注意，从架上偷走了2颗蓝宝石，并重新设计了宝石的摆法。守卫回来后，依照原来方法数了几遍，每次都是15颗，故没发现蓝宝石被偷。

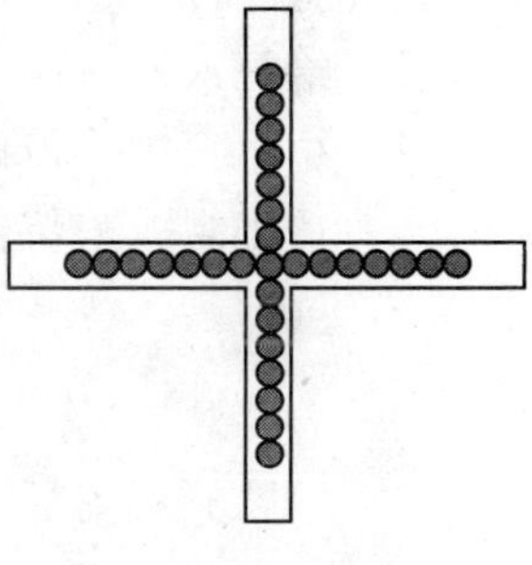

2. 老师提出：请你想一想，聪明的小偷是如何重新设计宝石的摆法的？

3. 学生动脑筋想问题。

（方法解密：小偷从横排的两端，分别各偷走1颗宝石，而后将竖排最下端的一颗宝石移到最顶端；结果守卫按老方法数宝石，每次数出来的数字仍然是15颗。）

18　自我评语

教育目的

1．让学生作自我评价，自我表述，写出自己心中所希望的评语。
2．让老师了解每位同学的真实心理、心理期望。
3．促进学生的自我激励、不断进步，促进师生之间的相互理解。

游戏过程

1．老师：评语是老师对学生德智体等多方面的表现作阶段性或毕业前全面的准确的评定，也是学校将学生在校表现向家长所作的书面汇报。学生对老师的评语有所期望。下面我们就做一个游戏，叫“自我评语”。你希望老师给你怎样的评价？

2．自我评语的要求：

① 内容包括：一学期来，你的学习、集体活动、团结、纪律等方面的表现和成绩。

② 在200～300字之间。

③ 评语要认真思考、实事求是、全面准确，也包括你所希望表达的东西和精彩的评价。

3．给每人发一张小纸片，学生开始动笔写评语。

4．小组集中，彼此交流各自的评语。

5．每小组派一位代表宣读“自我评语”。

19　面对批评

教育目的

让学生当面接受别人的意见和批评；培养学生面对批评、面对委屈、战胜自我的能力。

游戏过程

1．（可以分组进行，也可全班进行）同学们围坐在一起，轮流上场。老师说："生活中有时会碰到批评，甚至是委屈。能耐心听取不同意见，接受别人的批评，哪怕是误会的批评，本身也是一种锻炼，一种修养，一种战胜自我的大度表现。今天，我们就玩一个面对批评、接受批评的游戏。"

2．第一位同学扮演被批评者，站到场地中央，戴着眼罩或用黑布蒙上眼睛，听取其他同学对他提意见或建设性的批评，但他不能辩解或说明。最后还得笑脸对全体同学说："谢谢同学们的批评帮助，请大家多多原谅和关照！"

3．同学们轮流扮演被批评者，每人大约 3 分钟。

4．小组讨论：参加本次活动，你有何感受？

5．个别同学自愿出来谈"被批评、受委屈"的感受。

（注：这个游戏只适合中学生。）

20　面对错误

教育目的

1．通过游戏，培养学生敢于面对错误、面对别人，敢于承认错误，培养学生勇敢、豁达的气度。

2．通过游戏，培养学生诚实、真诚、敢于面对自己的人生态度。

3．通过游戏，促进同学之间的人际关系，促进班级和谐。

游戏过程

1．给全班同学每人发一张小纸片。老师：请大家想一想，两周来或一个月内，你在班里的学习、生活与交往中犯过的一个错误，或者你认为做了最对不起某某同学或集体的一件尴尬的事情，写在纸上。

2．鼓励学生自愿上讲台，当着全班同学，讲述错误事情，鼓励学生敢于面对错误、面对别人。（要求：大声地说。向某某同学或班集体深深地鞠躬、表示歉意，或说"对不起，请你原谅！"）

3．老师在每一位同学讲完后，要予以正面肯定。

例如：敢于承认错误、面对错误，是勇敢、豁达的表现。面对错误、面对别人，实际上是敢于面对自己，敢于冲破自己的心理关。向他人承认自己做错事，犯了错误，是诚实的表现、勇敢的表现。谁都犯过错，敢于承认，得到谅解，就为自己找到了一个朋友。

4．同学们讨论游戏活动的感受。

5．老师小结：敢于面对错误，承认错误是勇敢的表现。谈同学之间的友谊关系，班级和谐的重要性。

21　巧取圆珠

教育目的

智力训练，激发思维，激活思路。课前活跃气氛。

游戏器材

白色透明软塑料管，约60厘米长，直径1厘米，内径均匀，只能允许一颗珠子通过。红色小圆珠6颗以上，绿色小圆珠4颗左右，圆珠直径略小于塑料管直径。圆珠装在塑料管里，如下图所示：

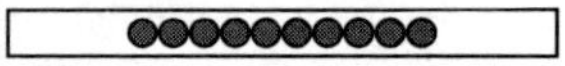

游戏过程

1．教师拿出早已准备好的道具向学生示意。

2．老师：白塑料管里装有红球、绿球，红球在绿球中间。在不先拿出绿球又不切断白塑料管的情况下，有谁能想办法，拿出两个红色小圆球？

（游戏解密：将软塑料管两端开口对接，转动红球到对接口处，即可拿出。）

22 雕像造型

教育目的

课前热身，搞笑逗乐，活跃气氛。
创作造型，模仿定格。

游戏过程

1. 在室外场地，全班同学排成两行。

2. 规则：

① 当听到口令时，同学们作雕像造型，可以是一个人一个造型，也可几个人联合造型。雕像姿势自行创作，各种各样，可以是动物姿势造型，也可以是各种人物造型。

② 造型定格后，不能动，不能笑，坚持 2 ~ 3 分钟，谁先违规，谁被罚下来。

③ 游戏连续做三遍，可以更换三次动作，也可以不更换动作。

3. 老师喊口令：预备——开始！

23 智力解绳

教育目的

让学生发挥集体智慧，动脑筋，想办法。

游戏过程

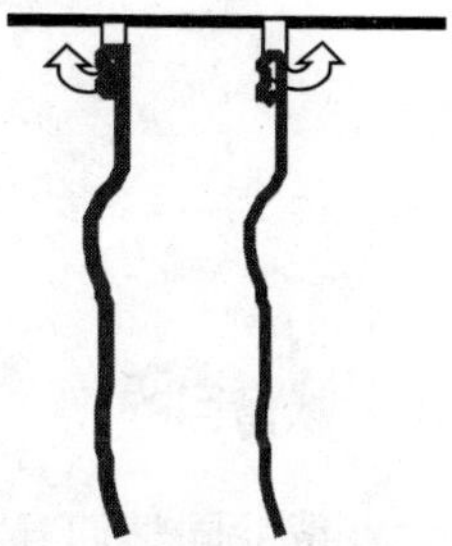

1. 室外活动，可在屋檐，或大树下，事先安装两条绳子在钩子上，如图所示。安装高度约 4 米，两个钩子距离约 0.6 米，绳子长 4 米，地上有体操垫。

2. 要求同学讨论，想办法，不借用其他工具将两条绳子从钩上取下来。取下绳子后，不能用往下跳的方式下来。

3．想出办法后，选一位动作灵活的同学将绳子取下来。

（游戏解密：① 将两条绳子下端打结连接在一起，使整条绳子成“U”型。② 人从右边绳子爬上去，然后把左边绳子解开，并将绳子挂在左钩上，使整条绳子成“N”型。③ 人抓住左边绳子，并解开右边绳子，溜下来，轻轻拉下绳子。）

24　赛龙舟

教育目的

课前娱乐，活跃气氛；让同学们学会相互默契、相互配合。

游戏条件

参加游戏共 8 人，分成 4 组，两人一组。

每组纸箱 1 个，绳子 1 条约 4 米，夹子 1 个。绳子连接夹子，夹子夹住纸箱，绳子拉着纸箱走。地上画两条线，距离约 8 ~ 10 米，作为起点与终点。

游戏过程

1．游戏开始时，一人站在纸箱上，另一人在前面拉着绳子。

2．游戏开始（计时），两人配合，喊着口号。同时，站在纸箱上的人随着口号跳起，拉着绳子的人趁着纸箱上的人“跳起”，拉着纸箱前进。一直到终点。

3．先到终点的组胜出。

4．第一轮比赛结束，第二轮同学参加比赛。（计时）

25　化解烦恼

教育目的

帮助同学们寻找解决烦恼的办法，化解同学们心中的烦恼。

游戏过程

1. 全班同学分成4～5组，每组10人左右。小组同学围坐在一起，每人一张小纸片。

2. 每位同学无记名地在小纸片上写出一件自己认为最烦恼的事情，然后放在盆子里。

3. 小组长任意抽出一张小纸片，大声朗读纸上写的内容。

4. 同学们说出解决这个烦恼的办法，并评出最佳办法。

5. 如时间许可，可再抽出一张小纸片，继续寻找方法。

6. 让个别同学站出来，谈谈刚才活动的感受。

26 绕口令训练

教育目的

活跃课前气氛；拉近同桌同学之间的关系。

语言训练，培养同学口齿伶俐、语音清晰、反应灵敏的能力。

游戏过程

1. 给每人发一张纸，上面印着“口令”：

口令一：吃葡萄不吐葡萄皮，不吃葡萄就吐葡萄皮。

口令二：板凳宽，扁担长。扁担没有板凳宽，板凳没有扁担长。扁担绑在板凳上，板凳不让扁担绑在板凳上，扁担偏要绑在板凳上。

口令三：这边一个人，挑着一担瓶，那边一个人，挑着一担盆。瓶碰盆，盆碰瓶，瓶碰烂了盆，盆碰烂了瓶。卖瓶买盆来赔盆，卖盆买瓶来赔瓶。瓶不能赔盆，盆不能赔瓶。

2. 同学各自将口令一一读十遍。

3. 同桌两位同学比赛绕口令二、口令三，看谁读得快，读得准，说错的字少。

27 通过桥头岗哨

教育目的

让学生开动脑筋，想办法，开发智力。

游戏过程

1. 老师讲故事：有一座很长的大桥，单程通行过桥，需要走 10 分钟。桥的南面是敌占区，北面是解放区。敌人控制了大桥，在桥的北端设一个岗哨，岗哨里面有一个哨兵把守，哨兵每 8 分钟出来一次，检查路人：只允许敌占区的人过桥到北岸，不允许解放区的人到南岸，以防游击队化装进入南岸。有一个地下交通员要到北岸送情报，他必须从桥上走，并且瞒过哨兵，才能顺利将情报送出。请大家想一想，交通员如何通过桥头岗哨。

2. 同学们开动脑筋，想一想、猜一猜。

（游戏解密：交通员大大方方地从南面向北面走，当走了 7 分半钟后，转回头向南面走，半分钟后哨兵出来检查，发现他后赶他“回去”。）

28 一刀剪图形

教育目的

培养学生的想象力、智力（该游戏适合小学低年级的学生）。

游戏过程

1. 老师发给每位同学事先准备好的圆形纸，剪刀。
2. 要求将下面的圆形纸一刀剪出一个最大的正方形。

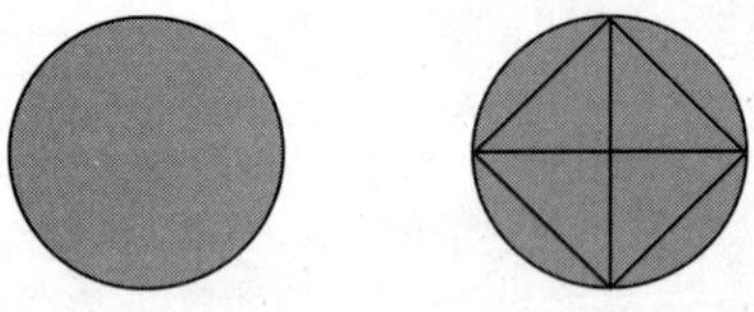

3. 同学们思考。

(解答：将圆形纸对折成半圆形，再对折成1/4圆形（扇形），然后一刀剪。)

29 跳动音符

教育目的

通过游戏，培养同学们高度的注意力、反应能力、行动力。

通过游戏，培养同学们的敏感性和协调、服从、配合能力。

游戏过程

1. 请8位同学出来，排成一行，坐在凳子上，其中一位当指挥员，其他7位分别扮演7个音阶（音符）：1（哆）、2（嘞）、3（咪）、4（发）、5（嗦）、6（啦）、7（唏），并记住自己是什么音符。

2. 试音练习：同学唱"1、2、3、4、5、6、7、1"和"1、7、6、5、4、3、2、1"。由慢到快，练习四遍，唱到哪个音符，扮演哪个音符的同学立刻起立，第二个音符响起时，立刻坐下，就像钢琴键一样在上下跳动。误站或没起者，视为违规。

3. 跳动音符：指挥员先用简单的歌排练。同学齐唱，并跟着音符跳动。

4. 歌曲由易到难，速度逐渐加快。

30 性格镜子

教育目的

通过游戏，让学生认识什么是良好的性格表现，什么是让人讨厌的性格表现，学会做人。

在活动中，全班同学集体"制作"一面"性格镜子"，天天对照。

游戏过程

1. 教师指导语：我们每个人都有自己喜欢的性格表现，如诚实、友好、勤劳、勇敢、谦和、自强、礼节……请每位同学在纸条上写出5个自己最喜欢的性格表现的词语。

2. 每个同学念出词语，老师将它写在黑板的左边，写出30个词语，相同或意思相近的词语不再写。

3. 教师指导语：我们每个人都有自己讨厌的性格表现，如暴躁、虚伪、懒散、自卑、粗鲁、唠叨、傲慢……请每位同学在纸条上写出5个自己最讨厌的性格表现的词语。

4. 每个同学念出词语，老师将它写在黑板的右边，写出30个词语，相同或意思相近的词语不再写。

5. 将黑板上的词语抄写下来，用A4纸打印，题目为“性格镜子”。然后在课室里的学习布告栏张贴一段时间（或每位同学发一张）。

31 作 画

教育目的

活跃气氛，培养空间感能力。

游戏过程

1. 老师在黑板上，一边讲话，一边画画：有一位老公公，（在黑板上写一个大大的“公”字）老公公有眉毛却没有眼睛，我们给他加上（在“公”字的“八”下面，各画上一个小圆圈，构成老公公的眼睛），老公公有鼻子，却没有嘴巴，我们给他加上（在“公”字的下面画一条横线作为嘴巴），老公公的脸圆圆的（将刚才的画，加上一个圆圈，变成一个笑脸，如右图所示）。

2. 请三位同学上台，戴着眼罩，面对黑板，拿着粉笔，作准备。

3. 老师慢慢重复刚才画画时的讲话，三位同学跟着老师的提示作画。

4. 画毕，摘下眼罩。大家评奖。

32　一笔成图

教育目的

培养学生的发散思维能力、想象能力。

游戏过程

1．老师事先画好下面 4 幅图画，并逐一展示。每展示一幅图，都要求学生想象，一笔画成，不能重叠已画的线条。

2．学生根据老师展示的每幅图画，想象如何一笔画成。

3．然后，由学生上台示范，一笔成图。

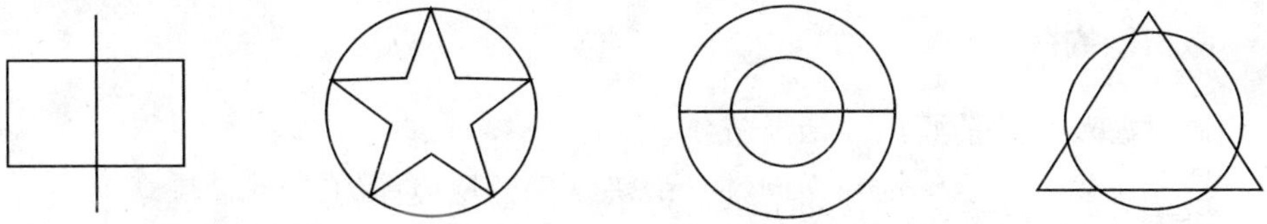

33　蜘蛛捉苍蝇

教育目的

培养学生的智力、想象力、分析力和计算能力。

游戏过程

1．老师用有机玻璃（或透明塑料纸）制作成如下图所示长方体。

2．老师：在一个 $30\times12\times12$ 立方米的长方体屋子里，一只蜘蛛在一面墙壁的中间离天花板 1 米的地方；一只苍蝇则在对面墙壁的中间离地板 1 米的地方。苍蝇害怕得无法动弹。请问，蜘蛛以最短距离去捉苍蝇，要爬几米？

3．学生思考，计算，回答。

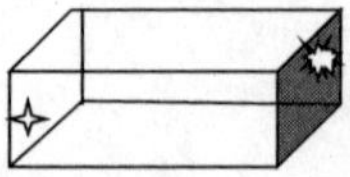

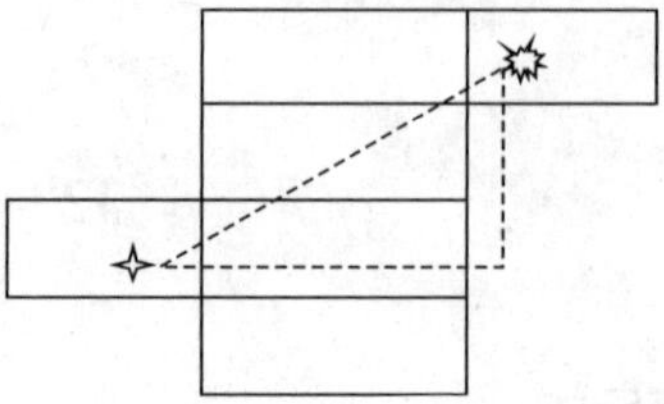

注：✵表示蜘蛛；✧表示苍蝇。

[提示：蜘蛛如直线爬行，需从墙壁往下、再经过地面、而后上到另一面墙去捉苍蝇，则需要爬：11＋30＋1＝42米。如果如右上图（勾股定理）所示，则只需爬行40米]

34　反口令

教育目的

通过游戏，课前娱乐，活跃气氛。

培养学生思维敏感性与逆向性，锻炼学生的反应能力。

游戏过程

1. 全班同学站成两行，面对老师。
2. 老师交代游戏规则：我喊口令，你们做相反动作。如口令“向左转”，你们做“向右转”动作。
3. 老师口令：前进一步、举右手、起立、踢左脚、向右转——（由慢到快）
4. 学生跟着老师口令，做相反动作。看谁反应快，动作准确。

35　滑稽动作

教育目的

搞笑逗乐，活跃课前气氛。

游戏过程

1. 挑选两位有幽默感、滑稽、模仿能力强的同学到讲台来，一人发指令，一人按照指令做模仿动作。

2. 指令要求幽默、滑稽，但要文明（老师可事先设计、辅导）。如：半下蹲、弯腰、缩头、右手抓左脸，左手抓屁股，抬左脚，眨眼睛、扮猴子。

3. 另一位学生按照指令，做滑稽动作。

4. 可再挑选两位同学上台表演。

36 棒打“乌龙”

教育目的

培养学生机灵反应，营造团队氛围；课前搞笑逗乐，活跃气氛。

游戏器材

充气游戏锤两把。

游戏过程

1. 全班同学围成一圈，面向内站立，人人都扮“乌龙”。中间两位学生（最好是一男一女），各自手持锤子。

2. 游戏开始，持锤子的学生先走到某位“乌龙”跟前，拍拍其肩膀，然后就要敲这位“乌龙”的头。该“乌龙”只需在被打到前说出另一个“乌龙”的名字，就可以不被敲。此时，持锤子学生则去打下一个“乌龙”。

3. 被敲到的“乌龙”，与持锤子学生转换角色和位子，站到中间继续敲打其他“乌龙”。

4. 继续下去，直至老师宣布“游戏结束”。

37　看你、看我

教育目的

课前搞笑逗乐，活跃气氛。

游戏过程1

1. 要求同学（可以是同桌，也可以是随机选出）两两面对面，睁大眼睛对视，视线不能离开对方的眼睛，不能讲话、不能出声，时间约30～40秒。谁先发出声音、笑声谁输。

2. 最后，请个别同学谈谈自己的感受。

游戏过程2

1. 要求同学（可以是同桌，也可以是随机选出）两两面对面，睁大眼睛对视，视线不能离开对方的眼睛，不能讲话，但可以作"鬼脸"或扮演动物面部表情（可发出动物叫声），时间约30～40秒。谁先发出笑声谁输。

2. 最后，请个别同学谈谈自己的感受。

38　自由落体

教育目的

培养学生相互信任、合作精神，培育团队意识和集体凝聚力。

游戏人数

全班同学分成4组，每组15人左右。

游戏过程

1. 教师讲解游戏规则、过程和活动中要注意的安全问题。

2. 第一组同学围成一个圆圈，圆圈直径约2.5米，先由教师站在中间演示（第二组学生观看）。

3. 教师全身绷直，朝任意方向直立倒下，做“自由落体”运动，旁边的同学要轻缓地接住，并轻缓地将教师推回原来的直立状态。

4. 老师做“自由落体”演示三次后，每个学生依次尝试。

5. 第二组学生同样开展活动。

6. 教师点评。

39 同桌的你

教育目的

同桌同学互相了解、尊重和关心，化解平时误会，增进友谊。（该游戏适合小学高年级和初中学生。）

游戏过程

1. 同桌两位同学站立（单人单桌者，由老师指定相邻同学），相互扮演对方角色（如小丁扮演小李，小李扮演小丁）。

2. 模仿对方平时讲话的语气、举止、神态，各自作“自我介绍”——姓名、年龄、身高、爱好、特长、性格、习惯工作、有何衣饰、物品……（目的是看谁平时了解对方）

3. 各自作“自我表扬”（实际是表扬对方）——学习、生活、纪律、好人好事……

4. 各自作“批评对方”（实际是作自我检讨）——针对某一件事“批评对方”。

5. 双方扮演、模仿结束，相互谈对方扮演的状况和体会。

6. 选出一对有表演才能的同学，上讲台表演。

7. 同学评价：① 模仿是否逼真；② 是否了解对方，是否确切。

8. 教师小结：了解同桌、尊重同桌、关心同桌、友爱同桌。

40 谁是超人

教育目的

培养学生的自信心和排除干扰能力。

游戏过程

1. 全班分成 3 ~ 4 组，每组 12 ~ 15 人。

2. 教师讲游戏规则和注意事项。

3. 教师播放热闹、高亢音乐两分钟，同组同学围圈相向而坐，闭上眼睛，全体同时、大声作自我介绍，不可中断，不受他人影响，不与他人对话（中断、与他人对话者算输）。

4. 两分钟后音乐停，自我介绍结束，同组同学闭上眼睛，用手指出一个声音大、未中断的最具“超人”能力者；睁开眼睛，组内得票最多者为胜，即为“超人”。

41 报 数

教育目的

活跃课堂气氛，提高学生的注意力与记忆力。

游戏过程

1. 将学生分成两组，每组 25 人左右，横排成两行，坐着。两组分别进行活动。

2. 教师宣布游戏规则。该游戏活动 3 分钟。

3. 采用横排轮流报数方式，1、2、3、4、5、6、7、8……每一位同学轮到时说出自己轮到的数字，但在轮到数目字为 4（4、14、24……）或数目字为 4 的倍数时（4、8、12、16……），该位同学必须站起来拍手 1 次，且不可说出此数目字，其他同学继续报数。

4. 游戏开始，直至时间到时停止。

42 三人行

教育目的

活跃课前气氛，培养学生的反应能力。

游戏过程

1. 全班同学围成圆圈，坐着，教师站在中间。（该游戏约 3 ~ 4 分钟）
2. 教师宣布游戏规则：

先由老师随机迅速地叫出学生甲的名字，在学生甲右边的学生代其立即站起来，并大声答“有”，在学生甲左边的学生也立即站起来，并代其举手（反应慢、没有举手或抢答的同学，不得坐下）。然后再由学生甲随机叫出学生乙的名字。以此类推（老师当裁判）。

3. 活动开始，直至 3 分钟后活动结束，看有多少学生反应慢，站着。

43 指令与反应

教育目的

课前热身，活跃气氛。
培养学生的注意力和反应能力。

游戏过程

1. 全体同学围成圆圈坐着，教师和班长站在中间。
2. 教师宣布游戏规则：

① 班长拍“1”次手，全体同学跟着拍“1”次手，并喊“yeah”。
② 班长拍“2”次手，全体同学双手摸膝盖，并喊“OK”。
③ 班长拍“3”次手，全体同学双手按嘴，并不能出声。
④ 班长可不按顺序拍手，哪位同学反应错误，就要站起来（老师当裁判）。

3．活动开始 3～4 分钟，最后直到班长拍“3”次手，全班同学安静为止。看有几位同学出错，站着。

44 “颈上”添花

教育目的

培养学生良好的人际关系、协作意识和团队意识。

游戏器材

用绳子做成一个绳圈，直径约 40 厘米。每组一个绳圈。

游戏过程

1．全班同学分成人数相等的若干组，每组不少于 10 人。

2．每组同学手牵手围成一圈，在一位同学的颈上，放上一个“绳圈”，在不用手的情况下，将绳圈传至下一位同学颈上，直至所有人传完即可过关。

3．同学之间手牵手，不得松开，手不能碰到“绳圈”，否则算违规；若“绳圈”掉在地上，同学只能用脚尖夹起，重新套在掉“圈”的同学颈上，继续活动。

4．各组活动同时开始。

注意事项

可以增加难度：一组同时用两个“绳圈”，并计时比赛。

45 铺路前行

教育目的

热身活动，活跃气氛；培养学生的灵活性和协作意识。

游戏过程

1．将学生分组，每组 8 人，每组发给规格一样的两张报纸；各组站在起步线上，起步线与终点的距离约10米。

2. 每组同学利用报纸前后交替铺路和同学换位，逐渐前进，直至全部同学到达终点即为过关。

3. 前进时，8位同学必须全部站在报纸上，而脚不接触到地面，否则算违规。

4. 活动开始。各组同时进行，先到达且未违规者得胜。

注意事项

该游戏可以各组同时进行，并计时、比赛。

46 抛砖引玉

教育目的

室外课前热身活动、活跃气氛。

游戏过程

1. 第一组6人，围成一个大圈，背向圈内。

2. 圆圈中间放一个箩筐，人与箩筐的距离不少于两米。

3. 每人发5个小皮球或网球。老师一声令下，同学将小球逐一往后抛入箩筐。

4. 抛球时，不能转过身来；每位同学计“未抛入筐内”的球数，并作相应次数的俯卧撑。

5. 第二组6人，继续进行同样的活动。以此类推，直至箩筐里的球数达到40个，游戏结束。

注意事项

如没有足够的小球，可以用鞋子或其他物品代替，但要注意安全。

47 你拍拍，我拍拍

教育目的

活跃课前气氛，调动同学们的情绪。

让学生在交往中体验到：你付出什么，就将收获什么。

游戏过程

1. 所有学生站着，围成一个圆圈，再向右方侧身，双手搭在前面同学肩膀上。

2. 播音乐。随着音乐的节奏，以 8 拍节奏轻轻拍打前方同学，从颈部、肩膀，到背部，最后到腰部。

3. 之后，所有学生向后转，再以相同的音乐、节奏拍打上次拍打你的同学。

注意事项

该游戏活动适合小学生。如果有人在活动中故意捉弄你，你可以在下次拍打中“还”给他。让学生在交往中体验到：你付出什么，就将收获什么。

48 跑得了，跑不了

教育目的

该游戏适合小学、初中学生。通过活动，培养学生的注意力，锻炼学生左右手的配合反应。

游戏过程

1. 所有学生围成一个圆圈，左手摊开，右手伸出食指放在右边同学左手的虎口处。

2. 轻音乐响时，圆圈开始随着节奏向右移动。老师喊“1，2，3，1，2，3……”随机喊出“4”时，所有学生必须左手抓住其左边学生的食指，而自己的右手食指不能被抓到。

3. 在没有喊到“4”就抓手的同学，或反应慢而被抓到的同学，必须作自我介绍或表演节目，或做俯卧撑。

4. 游戏继续，直至老师宣布活动结束。

49 猜一猜

教育目的

1. 该游戏适合年龄小且已经相互熟悉的班级学生。通过游戏，考查学生平常的观察力；

2. 通过游戏，培养学生细心观察事物的能力和互相关心、互相了解的精神。

游戏器材

教师事先准备一个纸皮箱，里面装上班级中几个学生曾经用过的某一物品。如衣服、帽子、书包、钢笔、手表、玩具、饰物等。

小奖品若干，如糖果。

游戏过程

1. 教师：今天做一个游戏，题目是“猜一猜”，猜中的有奖。

2. 教师拿出钢笔说：大家猜一猜，这是哪位同学的钢笔？先猜中的学生得奖。

3. 教师拿出手表说：大家猜一猜，这是哪位同学的手表？先猜中的学生得奖。

4. 以此类推，直至老师宣布游戏结束。

5. 教师总结：同学们，我们经常说要互相关心、互相爱护，它不是一句空话，要体现在日常生活之中。这个游戏，主要目的是培养同学们互相关心、互相了解的精神。但是，要做到互相关心，还要细心地了解同学。

注意事项

1. 学生的物品，既要用过，又不能太大众化，要有特点，但又不容易被猜到。

2. 向学生借用的物品，事先要保密，不被知道。

50　大树与松鼠

教育目的

课前热身活动，活跃气氛，让学生娱乐，体验集体温暖。

培养学生机灵反应，培养班级的团队精神。

游戏过程

1. 全班学生分组，三人一组。两人扮大树，面对面站着，伸出双手，拉成一个圆圈；一人扮松鼠，并站在圆圈中间。老师或其他没成对的学生担任工作人员。

2. 游戏开始。如老师喊“松鼠”，大树不动，扮演“松鼠”的学生就必须离开原来的大树，重新选择其他大树（站在大树中间）。老师或工作人员临时扮演松鼠并插到大树当中，落单的学生应表演节目。

3. 如老师喊“大树”，松鼠不动，扮演“大树”的学生就必须离开原先的同伴，重新组合成一对大树，并圈住松鼠。老师或工作人员就临时扮演大树，落单的学生应表演节目。

4. 如老师喊“地震”，扮演大树和松鼠的学生全部散开并重新组合，扮演大树的学生也可扮演松鼠，扮演松鼠的学生也可扮演大树，老师或工作人员也加入重新组合的队伍之中，落单的学生表演节目。

5. 依此反复，直至老师宣布游戏结束。

51　鼓掌运动

教育目的

活跃课前气氛，锻炼学生的反应能力。

游戏过程

1. 老师：请同学们站起来，认真听我的口令，并按口令做动作。

2. 老师口令：请伸出你的双手，掌心相向，跟着我的口令和节奏一起做：

"1"：左手掌击打右手掌；

"2"：左手放回原位；

"3"：右手掌击打左手掌；

"4"：右手放回原位。

3. 老师反复喊1、2、3、4……节奏越来越快。大家发现，其实这是一个鼓掌运动。

52　合力吹气球

教育目的

培养学生分工、合作完成任务的意识，培养学生对他人、对工作负责任的态度。

游戏条件

全班分组，每组限6人（多出的人当工作人员）。抽签扮角色。

道具：准备每组各6张签，上面分别写着：嘴巴（1张），双手（2张），屁股（1张），双脚（2张）。

每组发给未充气的气球若干个。线若干。

游戏过程

1. 工作人员让各组人员抽签，每人一签，并分别扮演角色。

2. 游戏开始，扮演“嘴巴”的人负责吹气球，但双手不能碰到气球；扮演“双手”的两人拿着气球，帮助“嘴巴”吹起气球，并扎紧气口。将吹气后的气球放在地上。

3. 然后，扮演“双脚”的两个人抬起扮演“屁股”的人，用屁股将气球坐破。

4. 10 分钟后，看哪一组坐破的气球多。

53　青蛙跳水

教育目的

活跃班级团体气氛。

游戏过程

1. 全班分组，每组 8 ~ 10 人，各组面向内，围坐成圈。

2. 每小组选一主持人，由主持人开始说：“一只青蛙——”第二人：“一张嘴!”第三人：“两只眼睛——”第四人：“四条腿!”第五人：“扑通一声——”第六人：“跳下水!”

3. (加快速度继续) 下一个紧接着说：“两只青蛙——”再下一个：“两张嘴!”再下一个人：“四只眼睛——”再下一个人：“八条腿!”再下一个人：“扑通一声——”再下一个人：“跳下水”……

4. 如此层层将数字叠加上去，直至某一学生出错，再从头开始。

54　尽快认识

教育目的

记住同学的名字（本游戏适合新生新班级）。

游戏器材

一块大布，可用红旗代替。

游戏过程

1. 全班新生围成一个大圈，逐一作自我介绍（名字、来自哪里、爱好、特长）。

2. 班主任将全班同学划分为两组，各坐在一边。

3. 班主任和帮手拿着一块布，将两组人隔开。

4. 游戏开始，每组每次各派出一位新同学，坐在布两边，相互看不见。

5. 班主任看两边的同学到位后，开始数“1、2、3”，到“3”时把布放开。两边派出的同学必须很快地叫出对方的名字。叫得慢或叫不出来者算输。

6. 按此持续下去。

55 心灵沟通

教育目的

课前热身活动，活跃气氛；心灵沟通实验。

游戏过程

1. 今天，我们来测试同桌同学的心理默契、心灵沟通的情况。

2. 同桌两位同学面对面而坐，两人的左手放在身后，右手握拳，大拇指伸出，并且大拇指相互顶住。都闭上双眼，保持这样的状态，不准出声。

3. 老师：现在，需要一人扮运动衣，另一人扮运动裤，你们用心交流，哪位扮运动衣？哪位扮运动裤？给你们1分钟心灵沟通。

4. 同样不准出声、闭上双眼。老师：“认为自己扮的是运动衣的同学，请举左手。”

5. 请大家睁开眼睛。你们俩心灵沟通了吗？默契了吗？（两人都举手，不默契，没沟通好）

6. 同学自编自演，再活动一次，分享快乐。（注意：这仅仅是游戏，没有多大科学依据）

56 乌龟与乌鸦

教育目的

1. 课前热身活动，活跃课堂气氛。
2. 训练同学的灵敏反应。

游戏过程

1. 两个人一组，面对面而坐，两手向前举起，掌心向对方，一人扮演乌龟，另一人扮演乌鸦。

2. 认真听老师读短文，当老师念到乌龟的时候，扮演乌龟的同学就捉对方的手，捉到了就赢，捉不到就输；而对方要尽快收回自己的手，不让对方捉到。同样，当老师念到乌鸦的时候，扮演乌鸦的同学就捉对方的手，而对方要尽快收回自己的手。

3. 游戏开始。

短文

（‖表示停顿，__表示快读）

在很久‖很久以前，有一条大河，河边住着‖一只老乌龟，他总想拥有一双翅膀，能飞上天空翱翔。有一天，天空‖飞来了一只小乌鸦，‖老乌龟羡慕地对‖她说：“乌鸦小妹，为什么我没有翅膀，为什么我不能飞翔啊？”‖小乌鸦哈哈地大笑：“乌龟大哥，你背着重重的壳，就算有翅膀，也飞不起来啊！”这时候‖，岸边走来了一个神仙，对着老乌龟说：我帮你这可怜的‖家伙吧。‖神仙大手一挥，老乌龟的壳没了，生出了一对翅膀。老乌龟一边高兴地说谢谢，一边飞向小乌鸦身边。‖小乌鸦高兴地拍着手说：你飞啦！你可以高飞啦！‖神仙笑着说：小乌鸦啊，不要拍了，‖你的翅膀快要断啦。

57 抓手指

教育目的

训练左右手的协调性，训练同学反应的灵敏性。

游戏过程

1. 全班同学面向中间站成一个大圆圈，伸出右手，掌心向下；再伸出左手，食指向上，食指顶住左边同学的右掌心。

2. 接着，听老师读短句，当听到短句里的“高兴”两个字时，请你的右手掌去抓旁边同学的左手食指，而自己左手的食指则快速逃脱，不让别人的右手掌抓住。看谁反应快。

3. 准备。老师快速读短句：今天是小红生日，妈妈买了个大蛋糕，一进门，小红高兴地跳起来！

注意事项

该游戏可以反复做几次，每次老师读不同的句子。如：天已经黑了，爸爸妈妈都还没回来，小猪猪站在门口不高兴地等着。

58 智力测试

教育目的

促进学生动脑筋，加强对学生的智力开发，培养学生的逻辑思维和推理能力。

游戏过程

1. 老师：这是某公司用来测试应聘者的一道试题：

① 有两个分隔开来、不能看到隔壁东西的房间，一间房里安装有三盏灯，另一间房里有控制着这三盏灯的三个开关。

② 要求应聘者分别进入这两个房间一次。然后，判断出这三盏灯分别是由哪个开关控制的。

2．请问，应聘者用什么办法来完成测试？同学们，你能吗？

3．学生开动脑筋，并解答试题。

4．最后，老师公布答案：

① 先走进有开关的房间，将三个开关编号为 a、b、c。

② 将开关 a 打开 5 分钟，然后关闭，再打开 b。

③ 然后走到另一个房间，即可辨别出正亮着的灯是由 b 开关控制的。再用手摸另两个灯泡，发热的是由开关 a 控制的，另一个就一定是开关 c 控制的了。

59　生日礼物

教育目的

1．该游戏最好是在某个同学生日的当天进行。通过游戏，为过生日的同学祝福、增添幸福感。

2．通过游戏，学会“爱心行动”，学会祝贺礼仪，增进同学间的友谊。

游戏过程

1．班主任：今天是我们班某某同学的生日。我们为他举办一个别具一格的“生日游戏活动”好不好？（鼓掌）

2．游戏规则：

① 每位同学必须送一份自己设计并亲自动手制作的、礼轻情意重的“生日礼物”。如一朵红花，或生日贺卡，或一句祝贺、鼓励的话。（可以提供红色皱纸、小纸片。）

② 每位同学必须扮一角色：某某同学的校长或老师、长辈、亲戚、同班同学、邻居。要求：送的礼物要适合角色身份；祝贺时要角色扮演。

③ 用报数的方式来安排“角色扮演”。

3．游戏开始：全班同学报数，用 5 分钟制作礼物。请“小寿星”上讲台来接受祝贺。

班主任代表全班同学致贺词。（角色扮演）校长或老师、长辈、亲戚、同学、邻居分批进行祝贺。“小寿星”彬彬有礼地表示谢意（事先辅导）。

4. “小寿星”谢礼讲话，或谈感想。

60 井中救人

教育目的

测试学生的智力（该游戏只适合小学低年级学生）。

游戏过程

1. 老师讲故事：一位老伯不慎掉进工地的一个很深的井里，民警叔叔通过绳梯（用绳子做的梯子）下到井里救人。这时，井里的水在迅速地上涨，绳梯的耐力只能承受120斤，而老伯和民警各自的体重都是90斤，且老伯已经疲倦，无法独立爬上来。

2. 老师提问：同学们帮忙想想办法，如何将老伯救出来？

3. 同学们独立开动脑筋、想办法。

4. 举手回答问题。

5. 老师归纳：这是智力测试题，回答这类问题，一定要听清楚“给予的条件”和“相关规则”，然后才动脑筋、想办法。

61 举手仪式

教育目的

锻炼同学们的意志。

游戏过程

1. 全体同学分成两队，距离2米，面对面站立，每个人左右手各拿着语文、数学课本。

2. 规则：游戏开始后，每个人站成马步，两只手拿着书，双臂伸直向胸前平举，身体不准晃动。看谁能坚持到最后。

3. 游戏开始。看谁坚持的时间最长。计时。

注意事项

随着训练，手里可拿着书包，增加重量。

62　我的起居习惯

教育目的

让同学们认识自己的生活习惯。

游戏过程

1. 老师发给每人一张表格，评价自己的生活习惯（填表，单选题）；

① 我早上起床时间是
[　] 六点半以前
[　] 六点半至七点钟
[　] 七点钟以后

② 我早上起床是
[　] 自己自觉起来
[　] 别人催我起来

③ 我每天早上起床是
[　] 愿意的
[　] 无奈的

④ 早上起床时我的精神
[　] 疲累的
[　] 充沛的

⑤ 起床后，我用于穿衣、刷牙、大小便的时间
[　] 20 分钟以内
[　] 20 ~ 30 分钟
[　] 30 分钟以上

⑥ 我对早餐
[　] 喜欢吃
[　] 不喜欢吃

⑦ 我早上上学
[　] 从不迟到
[　] 偶尔迟到
[　] 经常迟到

⑧ 我对自己生活习惯的评分
[　] 70 分以下
[　] 70 ~ 80 分
[　] 80 ~ 90 分
[　] 90 分以上

2. 全班分五个小组谈一谈自己的生活习惯（只谈选择项目情况，不谈自我评分）。

3. 小组集体为每个人打分。

4. 对比与思考：自己评分与小组打分对比，分数是否有差距，为什么？

63 我的家庭

教育目的

通过游戏，了解家庭，学会感恩，负起责任。

游戏过程

1. 给每人发一张纸，回答下列问题：

① 我家的地址____。

② 我家住在：[ ] 别墅 [ ] 平房 [ ] 公寓

③ 现住房的面积：[ ] 90 平方米以下 [ ] 90 ~ 150 平方米 [ ] 150 平方米以上

④ 我的家庭人口：[ ] 爸爸 [ ] 妈妈 [ ] 爷爷 [ ] 奶奶 [ ] 外公 [ ] 外婆 [ ] 哥哥 [ ] 姐姐 [ ] 弟弟 [ ] 妹妹

⑤ 我家经济收入靠：[ ] 爸爸 [ ] 妈妈 [ ] 爷爷 [ ] 奶奶 [ ] 外公 [ ] 外婆 [ ] 哥哥 [ ] 姐姐

⑥ 我家的家务主要靠：[ ] 爸爸 [ ] 妈妈 [ ] 爷爷 [ ] 奶奶 [ ] 外公 [ ] 外婆 [ ] 哥哥 [ ] 姐姐

⑦ 我的学费、生活费靠：[ ] 爸爸 [ ] 妈妈 [ ] 爷爷 [ ] 奶奶 [ ] 外公 [ ] 外婆 [ ] 哥哥 [ ] 姐姐

⑧ 我在家的责任：[ ] 赚钱 [ ] 读书 [ ] 劳动 [ ] 其他

2. 老师指导语：请大家闭上双眼，思考问题。

① 爸爸妈妈劳累吗？辛苦吗？

② 你对爸爸妈妈感恩吗？

③ 你为爸爸妈妈做了什么？

3. 写一句感谢爸爸妈妈的话。

64　接语对抗

教育目的

通过游戏，促进同学们的脑力开发、激发思维。

通过游戏，丰富同学们的词汇。

游戏过程

1. 全班同学参与，同桌两人接语对抗。

2. 单号同学随意先说一个词语，如“接语对抗”，双号同学按词语的最后一字接语“抗日战争”。

3. 单号同学再按词语的最后一字接语“争先创优”，双号同学再按词语的最后一字接语“优秀”……

4. 形成了：接语对抗——抗日战争——争先创优——优秀——秀丽——丽人——人名……直至有同学答不上新的词语为止。

5. 规则：

① 词语可以是两字、三字或四字；② 接语可以谐音，如“抗日战争”可接“征兵”，可再接“冰山”，再接“珊瑚”；③ 两人念过的词语，不能再出现，否则，算输。

65　互换名字

教育目的

通过游戏，活跃气氛，锻炼同学们的反应能力。

游戏过程

1. 全班同学分成每 8 ~ 10 人一组。

2. 每组参加者围坐成一个圆圈。

3. 组内同学与相邻同学互换名字。

4. 以报数的方式来决定顺序，按顺序来提出问题。

5. 一号的同学先提问题，如“李小刚，今天第二节上什么课?”真正的李小刚不回答问题，临时顶名的“李小刚”立刻站起来回答：“今天第二节上语文课。”

6. 接着二号的同学提问题，如“吴先楚，你今天下午打不打球?”……

7. 该回答问题的同学没有回答问题，或不该回答的人抢答问题者，都被淘汰。

8. 这样，最后剩下的一位同学就是胜利者。

66 喊口令

教育目的

通过游戏，活跃班级气氛，提高同学们的国防观念和战备技能。

通过“对口令”找伙伴，锻炼同学们的反应能力。

游戏过程

1. 全班同学报数。

2. 前10个号的同学站在中间，其他同学手拉手围成一个大圆圈。

3. 站在圈里的10位同学面对面站成两排，每两位同学结成伙伴，自行制定“口令”（保密)。例如，甲：“口令!”乙回答：“大海。”甲回令：“蓝天!”

4. 老师给10位同学每人发一只眼罩，让其戴上后搞乱他们原先的站位。

5. “对口令”开始。10位戴眼罩的同学开始“对口令”：先摸到的同学喊口令，被摸到的同学回令，对不上口令者，继续找伙伴。

6. 先对上口令、找到伙伴的两位同学，取下眼罩，为胜利者。

7. 第二轮，另10位“对口令”。

8. 直至全班同学轮一遍为止。

67　趣味保龄球

教育目的

活跃气氛，增进友谊，培养自信。

游戏过程

1. 全班同学分成4组，每组10人。4组同时参加保龄球比赛。工作人员若干人。

2. 参加比赛人员站在线后面。线前5米处，每组放6个汽水瓶成一横排（当作“保龄球”）。

3. 比赛过程：每位参赛同学站在线后面，轮流用一个排球击倒前方的汽水瓶（工作人员负责计算被击倒的汽水瓶数量，并重新摆好汽水瓶）。

4. 参赛同学的排球没有碰倒本组的汽水瓶，或击倒其他组的汽水瓶的，做俯卧撑5个。

5. 比赛完毕，击倒汽水瓶数量多的小组获胜。

68　趣味射门

教育目的

培养同学们的方向感、注意力和抗干扰的能力。

游戏过程

1. 将全班同学带到学校足球场的球门前。离球门的6米处，设两个射球点。

2. 全班同学分成人数相等的两个组，同时参加射门比赛。

3. 比赛开始，每位参赛者站在离球门6米处，戴上眼罩，抱住足球，原地转4圈，然后放下足球，射门（射门时，可能足球会出现偏向，其他同学不能靠近，要注意安全）。

4. 射门时，其他同学可以喊话干扰。

5. 进球多的小组获胜。如有进球数相同，再选5位同学进行决赛。

69 流水作业：投篮

教育目的

让同学们在游戏中体验“流水作业”，感受相互协作、相互配合的重要性。

让同学们在游戏中体验方向感、动作协调性、灵敏性，培养反应能力。

游戏过程

1. 将全班同学带到学校篮球场。

2. 球场上事先划好5个点，每个点距离1.5米，最后一个点是篮球的罚球点（5个点与篮筐成一直线）。

3. 全班同学分组，每组5人，分别进行比赛。

4. 比赛准备，参赛5人分别站在5个点上，背向篮筐。

5. 比赛开始，由离篮筐最远的人向罚球点的人逐一背向传球（传球时，如某同学接不到，可以跑出“点”外捡球，但必须回“点”上作背向传球）。最后一位同学可以面向篮筐投球2次。计时、计分。

6. 计分方式：投进一个球，得4分；传球落地，每次扣1分；从传球开始计时，超过20秒后，每多10秒扣1分。

7. 得分最多的小组获胜。

70 追 逐

教育目的

通过游戏，培养同学的灵活性、反应能力。

通过游戏，融洽班级气氛。

游戏过程

1. 全体同学面朝内，站成一大圆圈，每个人之间保持0.5米的距离。

2. 选2位同学出来，进行“追逐”演示，同学A跑，同学B追。被追到（抓到）的同学出局。

3. A同学可以站到大圆圈里的任何一位同学（N）的前面。这时，角色转换，大圆圈里N同学变为追的角色，原来追的同学B变为跑的角色。

4. 游戏开始。为了增加游戏追逐效果，可以增加到3对同学同时追逐，并按上述方法进行追逐。

5. 如此反复，直至老师宣布游戏结束。

71 集体力量

教育目的

通过游戏，让同学们学会行动听指挥、协作配合。

通过游戏，培养同学们的集体意识，体验集体力量。

游戏过程

1. 选出30人，男女各半，并站成男女间隔的两列纵队。两列纵队平行，距离约1米，一队面朝东，一队面朝西。两队中间的地上，放着一根旗杆。

2. 排队同学前后贴紧，蹲下，同时相向伸出右手和食指，做出手枪射击姿势。

3. 在老师的统一指挥下，两队同学合力，共同用食指撑住旗杆，然后慢慢站立，将旗杆架起来。即每个人用食指，合力将旗杆架起来。

4. 减少人数4人（每对两人），用同样的方法架起旗杆。

5. 再减少人数4人（每对两人），用同样的方法架起旗杆。

6. 直至架不起旗杆为止。

72 醒狮戏珠

教育目的

在比赛竞争中，让学生体验协作、配合的重要性。

游戏过程

1. 全班分成三队，每队 16 人。两人一组，每队 8 组。

2. 每三个队同时比赛：两人用肩膀夹住蓝球（不能用其他部位），从起跑线开始，跑到对面，绕过旗杆后，跑回起跑线。将球交给下一组，另一组用同样方法开始跑步。

3. 游戏规则：跑步时，手不能碰到球；如篮球落地，用手捡起篮球回到掉球处，用同样的方法继续跑。

4. 比赛计时，用时少的队获胜。

73 企鹅集体舞

教育目的

培养学生的想象力、表现力和扮演能力，让学生认真而又滑稽地表现自我。

游戏过程

1. 全班同学扮成企鹅，分成人数不等的两个队。

2. 两队同学面向圆心，站成同心圆的内、外两个圆圈（内圈人数列少）。准备跳舞。

3. 练习 2 分钟：老师站在圆圈中间示范，全体队员扮着企鹅，与相邻同学手拉手，跟着老师和节奏，一边喊着 1、2、3、4，一边踮着脚尖，朝左横向笨拙地移动（齐步走）。

4. 老师：下面跳舞开始，增加难度，要求同学们跟着老师和节奏，向左或向右横向移动。可能队伍东歪西倒，舞姿丑态百出，乱七八糟，但无所谓，只要求做到舞姿像企鹅，认真投入，滑稽表现。

5．准备——开始！

74　数字反应

教育目的

培养学生的思维能力、计算能力和反应能力。

游戏过程

1．老师在黑板上写出公式：

$$(X+Y)\times 2=Z$$
$$X\leqslant 30,\ Y\leqslant 30$$

2．三位同学一组：一人当 X，另一人当 Y，第三人当 Z。

3．扮 X 和 Y 的同学，同时各读出一个数字（小于 30），同学 Z 马上答出计算结果。如：X 读出 8，Y 读出 23，Z 马上答 62。

4．计算 10 道题后，三人转换角色，游戏重新开始。

5．计分方式：答对得 2 分，答错得 0 分，5 秒钟后答对给 1 分，8 秒钟后不给分。

注意事项

1．熟练后，难度可增大。

2．该游戏可以由两位同学站在讲台上，同时给出数据，其他同学抢答。

75　呼声比赛

教育目的

通过游戏，让同学增强自信（该游戏适合不活跃的班级）。

游戏过程

1．多媒体课室，老师必须事先准备两部分内容：一是口号（不少于5句）；二是各种叫声（不少于5种）。

例如，

口号：我有能力，一定能行！
我有信心，比你更行！
我有能力做好每件事！
天生我才，必有用！
天下无难事，只要有信心！
我有信心，我最威！

叫声：虎啸声
狼嚎声
狮子吼叫声
喊杀声
冲锋声
胜利之声

2．呼声比赛要求：① 每位同学必须任读一句话，任喊一种声音。
② 每位同学必须大声喊叫。
③ 看谁喊得大声。

3．全体同学轮流呼喊，营造一个氛围。

76 左右手协调

教育目的

1．课前热身活动，活跃课堂气氛。

2．通过游戏，锻炼学生头脑的反应和左右手的协调反应。

游戏过程

1．老师有节奏地喊口令：1、2、3、4，2、2、3、4，3、2、3、4，4、2、3、转……（节奏从慢到快，反复几次）

2．随着老师的节奏，学生右手轻轻拍打自己的头顶，左手逆时针抚摸自己的肚皮。

3．当听到第一声“转”时，学生左手轻轻拍打自己的头顶，右手顺时针抚摸自己的肚皮。当再次听到“转”时，左右手又调换过来做动作。

4．如此反复做动作，直至老师口令停止。